Depuis 1979, **Terre vivante** vous fait partager ses d'expériences en matiè re d'écologie pratique : jardinage biologique, alimentation et santé, habitat écologique, énergie.
A travers :
- l'édition de livres pratiques,
- le magazine *Les quatre Saisons du jardin bio,*
- un Centre de découverte de l'écologie pratique à visiter de mai à octobre, dans les Alpes, au pied du Vercors.

Le catalogue des ouvrages publiés par **Terre vivante** est disponible sur simple demande.

Terre vivante, domaine de Raud, 38710 Mens.
Tél : 04 76 34 80 80. Fax : 04 76 34 84 02. Email : info@terrevivante.org
www.terrevivante.org

COMPOST ET PAILLAGE AU JARDIN

recycler, fertiliser

Suivi éditorial, conception, réalisation : Béatrice Gauge.
Photos de couverture : Denis Pépin
Toutes les photos sont de Denis Pépin, sauf celle de la page 19 qui est de Bernard Chaubet.
Dessins et graphiques : Christian Galinet (Steen, p.138).
Photogravure : Quad numérique.
Impression : Dumas-Titoulet Imprimeurs, Saint-Étienne, France.
Dépôt légal : juillet 2006 – N° d'imprimeur : 44254-b

livre imprimé sur papier 100% recyclé

ISBN : 2-914717-00-8

DENIS PÉPIN

COMPOST ET PAILLAGE AU JARDIN

recycler, fertiliser

terre vivante
L'ÉCOLOGIE PRATIQUE

SOMMAIRE

DEUXIÈME PARTIE

ANNEXES

INTRODUCTION

Les déchets de la cuisine et du jardin : une ressource précieuse

Étrange société que la nôtre. Nous croulons sous les déchets. La majorité d'entre eux est brûlée dans des incinérateurs qui produisent, entre autres choses… des dioxines. Or près d'un tiers des déchets de nos poubelles est constitué de restes venant de nos cuisines et de nos jardins. En même temps, la majorité des jardiniers va chercher dans les jardineries de quoi faire pousser légumes et plantes ornementales : engrais chimiques, terreau, fumier séché, compost industriel et autres.
Double dépense et double pollution : d'un côté pour incinérer, d'un autre pour fabriquer les engrais. Deux problèmes que l'on résout le plus simplement du monde en fertilisant son jardin avec les déchets qu'il produit et avec ceux qui proviennent de la cuisine. Ce qui est tout le contraire d'une fertilisation au rabais : une fois compostés, ou utilisés en paillage, nos « déchets » sont le meilleur fertilisant dont le sol et les plantes puissent rêver.

Valoriser sur place ou éliminer les déchets organiques ?

Le jardin et la cuisine produisent quantité de déchets organiques, c'est-à-dire provenant d'un être vivant, animal ou végétal. Autrefois (on ne les appelait d'ailleurs pas des déchets), ils étaient valorisés sur place : terreau de feuilles, bois pour la cheminée, litière ou nourriture pour les animaux, compost. Mais aujourd'hui, faute de savoir quoi en faire, par facilité ou par manque de temps, la plupart des jardiniers s'en débarrassent.
Pourtant, cette élimination n'est pas toujours simple. En particulier avec les productions saisonnières importantes comme les feuilles mortes en automne, les tailles de haies et d'arbustes en hiver, les branches encombrantes, ou les tontes de pelouse au printemps. Si certaines communes organisent la collecte des déchets verts, dans la plupart des localités il faut les porter à la déchetterie.

Aspects économiques et citoyens

30 % du volume des poubelles domestiques est constitué de matières organiques pouvant être transformées en compost : tontes de pelouse, tailles de haies, feuilles mortes, épluchures… Cela représente en moyenne 100 kg par habitant et par an. Plutôt que de les jeter et d'augmenter le coût collectif de leur transport et de leur transformation, autant les récupérer sur place. Le compostage individuel ne coûte rien, surtout s'il est fait en tas. Mieux, il fait faire des économies. Le service déchets de l'agglomération rennaise a calculé le coût de plusieurs modes de traitements collectifs des déchets. L'incinération de 100 kg de déchets verts ou de cuisine mélangés aux ordures ménagères coûte 14 €. Le traitement de 100 kg de déchets verts apportés en déchèterie revient à 5 €, alors qu'il monte à 12 € s'ils sont collectés en porte à porte.
Pour le jardinier, faire son compost lui permet de réaliser des bonnes économies. Il est possible, avec les déchets d'un jardin de taille moyenne de 200 à 300 m^2, de produire 200 à 300 kg de compost par an. Soit une valeur marchande d'environ 70 à 100 euros environ. C'est la quantité nécessaire pour entretenir 100 m^2 de plantation tous les ans. Si les déchets sont réutilisés en paillis, les économies sont aussi importantes.

Plutôt que de porter vos déchets verts en déchetterie, recyclez-les en compost ou en paillis dans votre jardin.

Déchets verts : des gestes à ne pas faire

– Jeter les déchets verts dans un chemin abandonné ou dans un espace naturel peu fréquenté. C'est interdit, cela favorise le développement des orties et cela peut polluer l'eau.
– Brûler les déchets verts : c'est une nuisance et un gâchis, puisqu'il n'y a pas de récupération de chaleur.
– Jeter les déchets verts à la poubelle, sauf dans le cas de tri sélectif et de compostage collectif. Mais, même dans ce cas, autant profiter vous-même de vos propres déchets verts.

La préparation des déchets en vue de leur évacuation et de leur transport devient vite fastidieuse pour le jardiner et prend du temps. Le traitement en déchetterie coûte cher à la collectivité locale et au bout du compte, à chaque usager. Enfin et surtout, ce sont des matières précieuses qui sont perdues pour le jardin. Plutôt que de considérer vos déchets du jardin comme des matières inutiles à éliminer, considérez-les comme des ressources à valoriser sur place. Leur recyclage est, tout compte fait, plus économe en temps et en énergie, et de surcroît vous aurez la satisfaction de réaliser une action utile pour l'environnement. Lorsque vous aurez découvert toutes les solutions présentées dans ce guide, vous vous direz probablement : « C'est si simple, il suffisait d'y penser ! »

Dans la nature, rien ne se jette, tout se transforme

Depuis que la vie s'est organisée sur la terre, les végétaux et les animaux, une fois morts, se désagrègent et se décomposent sur place. Les matières végétales se transforment en sels minéraux et en humus, et les matières animales en éléments simples comme le carbone ou l'azote. Les sels minéraux libérés servent de nourriture pour une nouvelle génération de plantes. L'humus formé améliore la terre et nourrit lentement les plantes. Rien n'est perdu et chaque nouveau cycle de vie s'enrichit des apports du cycle précédent.

C'est ainsi que les sols vierges des premiers âges géologiques se sont transformés en sols fertiles, riches en humus et peuplés de milliards d'êtres vivants comme les bactéries, les levures, les algues, les arthropodes... Des forêts composées d'arbres gigantesques ont recouvert les terres les plus fertiles. La vie s'est diversifiée, complexifiée, l'homme est apparu et, avec lui, l'agriculture et le jardinage. Cette évolution et cette diversification de la vie auraient été impossibles sans le recyclage permanent de la matière organique, c'est-à-dire de la matière organisée par la vie.

Les jardins et les champs fonctionnent de la même manière que les milieux naturels, à la différence près que l'homme y intervient fortement pour accélérer les cycles de la vie et produire des biens de consommation. La plupart des productions végétales engendrées par l'homme (les aliments, les arbres pour la production de papier ou de bois d'œuvre, les fibres textiles, les plantes d'ornement du jardin...) finissent tôt ou tard par se décomposer et se transformer en humus, au terme de leur usage industriel ou domestique...

Imitez la nature : sous-bois avec feuilles mortes. Le compostage est un processus naturel, comme dans la forêt, mais il est organisé et contrôlé de manière à accélérer la transformation des déchets organiques.

Les déchets organiques nourrissent le sol et les plantes

Le processus de transformation d'une matière organique – végétale ou animale – en nourriture pour les plantes et en humus est long et complexe. Il est expliqué en détail page 143, annexe 5.

Lorsqu'une plante ou une partie de plante (feuille, herbe coupée, bois de taille, etc.) meurt, une multitude d'êtres vivants (micro-organismes, vers de terre, insectes) la désagrègent et la décomposent pour en tirer leur nourriture.

L'aboutissement de ce processus est double : une partie se minéralise, c'est-à-dire se transforme en éléments minéraux simples, azote, phosphore, magnésium, oligoéléments, qui seront immédiatement absorbés par les plantes présentes sur le sol, ou stockés dans ce dernier.

Une autre partie aboutit à la formation d'un ensemble de substances organiques complexes qui constitue l'humus.

Ce dernier est la fraction stable de la matière organique du sol et une des clés de sa fertilité.

Nourrir les plantes à partir de matières organiques – et non pas d'engrais chimiques directement assimilables, comme dans l'agriculture conventionnelle – constitue une des spécificités essentielles de l'agriculture et du jardinage biologiques. Nous reviendrons sur les avantages – considérables – que cela présente. Mais pour que les plantes puissent se nourrir des matières organiques, ou plus exactement des éléments minéraux qu'elles contiennent, elles ont besoin de l'intervention de très nombreux êtres vivants. Véritables « cuisiniers » des plantes, ce sont les acteurs du recyclage des matières organiques.

Compostage et paillage : l'essentiel du recyclage

La transformation des matières organiques en aliment pour les plantes et en humus peut se faire de deux manières : à même le sol, comme dans la nature, ou à l'intérieur d'un tas spécialement réalisé à cet effet, le compost.

Le compost : un concentré de nature

Le compostage est un processus naturel, tout comme la transformation de la litière de la forêt constituée de feuilles mortes (voir page 13), mais il est organisé et contrôlé de manière à accélérer la transformation des déchets organiques biodégradables, y compris ceux dont la décomposition est lente (feuilles mortes, trognons de chou, tailles d'arbustes...) en un fertilisant de grande valeur prêt à l'emploi.

Il met en scène de nombreux organismes vivants, microscopiques comme les levures, les champignons et les bactéries, ou plus gros comme les vers rouges du fumier et des larves d'insectes (voir annexe 6 page 155).

Le compost est nécessaire à la santé des plantes et à la beauté du jardin, quels que soient son style et son usage – décoratif ou productif.

Le compost mûr est souple d'emploi. Il peut se conserver plusieurs mois en attente de son utilisation. Il est utilisable tel quel, sans risque pour les cultures. Il peut être apporté précisément là où les plantes en ont le plus besoin et sa structure friable permet de l'épandre facilement.
Au cours du compostage, une partie des déchets végétaux d'origine se transforme en vapeur d'eau et en gaz carbonique, favorisant ainsi la concentration en sels minéraux. La valeur fertilisante du compost est, de ce fait, plus élevée que celle des déchets et éventuellement du fumier qui ont servi à le fabriquer. Le compost est également plus équilibré que ces derniers grâce au mélange de matières d'origines différentes.
Tous ces avantages font que le compost est de loin le fertilisant le plus utilisé en jardinage biologique.

Le paillage

Certains déchets du jardin peuvent aussi constituer d'excellents paillis, ou mulchs, destinés à protéger la terre et les plantes, et à limiter le développement des herbes indésirables : tontes de pelouse, tailles des arbustes et des haies, feuilles mortes, tiges et feuilles sèches des fleurs vivaces, broyat de branches.
Le paillage du sol au pied des plantes est l'une des meilleures manières de leur assurer des conditions biologiques similaires à celles de leur milieu naturel d'origine. Il maintient l'humidité du sol en été, entretient un humus de type forestier idéal pour la plupart des plantes d'ornement, permet au sol de conserver une structure meuble et aérée favorable à l'enracinement. Tout cela en fait un apport indispensable.
Ce sera le sujet de la seconde partie de cet ouvrage.

Les autres manières de recycler au jardin

Le compostage en surface...

Composter en surface – et non plus en tas ou en silo – c'est apporter les déchets végétaux frais sur le sol et les y laisser se décomposer, éventuellement après les avoir mélangés à la couche superficielle de terre.
Cette technique peut être utilisée pour les résidus de récolte, mais aussi pour d'autres déchets ou pour les engrais verts coupés et laissés sur place.

... sous certaines conditions

Les feuilles abîmées, les racines de poireaux, les plantes gelées, les grosses feuilles de choux peuvent être laissées sur place dans le potager au moment de la récolte.
Ces résidus restituent au sol les éléments minéraux qu'ils contiennent, notamment l'azote. Ils couvrent et protègent la terre. Leur décomposition stimule l'activité biologique et peut avoir des effets bénéfiques vis-à-vis des maladies d'autres légumes. Les résidus de laitues protègent les tomates contre la fusariose du collet. Ceux des choux diffusent des composés chimiques soufrés volatils à effet fongicide. La moutarde, de la même famille que le chou, agit de la même manière.
Toutefois, en l'absence de rotation des cultures, certains résidus peuvent transmettre des maladies et des ravageurs aux légumes et aux plantes de la même famille cultivés au même endroit l'année suivante. Par exemple, les mouches de la carotte, qui hivernent dans le sol sur place, réinfesteront les carottes l'année suivante ; même chose pour les thrips et le mildiou du poireau, la fusariose des tomates, les maladies du chou.
Il sera prudent d'évacuer les résidus de culture sur le compost si la rotation des cultures ne laisse pas au moins quatre années entre deux cultures de légumes appartenant à la même famille.
Les autres déchets organiques frais sont peu esthétiques lors-

qu'ils sont laissés en surface. Cet inconvénient peut toutefois être corrigé en apportant un paillis par-dessus.
Attention cependant, les micro-organismes spécialisés dans la décomposition des déchets et du fumier frais se développent fortement dans le sol et inhibent dans certains cas le développement des jeunes plantes. Ils s'opposent aux bactéries qui vivent en symbiose avec les racines et les aident à assimiler les éléments nutritifs.
Cela fait peser des risques pour les plantes jeunes (légumes, fleurs...) et les plantations récentes dont les racines sont très superficielles. En revanche, cela ne pose pas de problème pour les plantes bien installées dont les racines descendent en profondeur.
La germination des graines est également inhibée lors du compostage de surface. C'est un danger pour les semis de fleurs et de légumes : bien des échecs de semis sont liés à l'emploi de compost trop frais, insuffisamment décomposé. Mais cela peut devenir un atout non négligeable pour lutter contre les herbes indésirables dont on réduira considérablement l'apparition en étalant des déchets frais et du compost très jeune en surface entre les rangs de légumes, les plantes vivaces, les rosiers ou les arbustes.

L'enfouissement des déchets frais et du fumier non composté : une pratique à risques

Pratiqué couramment avec le fumier dans l'agriculture traditionnelle, cet enfouissement est déconseillé en jardinage et en agriculture biologiques, en raison des inconvénients qu'il présente.
En effet, il ralentit la décomposition des matières organiques, car les micro-organismes décomposeurs sont nettement moins nombreux en profondeur que dans les 10 premiers centimètres du sol, notamment dans les galeries des vers de terre.
Par ailleurs, il favorise le développement de maladies et de certains ravageurs (larves de taupin appelées également vers fil de

fer, larves de tipule, larves de noctuelle, certaines maladies...). Ce risque est encore plus fort dans les sols humides et compacts.
Enfin, lorsque les déchets sont trop cellulosiques ou ligneux (paille, feuilles mortes...), leur enfouissement peut provoquer ce qu'on appelle la « faim d'azote ». Pour les dégrader et les transformer en humus, les micro-organismes vont chercher l'azote dont ils ont besoin en puisant dans les réserves du sol, au détriment des plantes qui, de ce fait, vont en manquer.
Toutefois, en automne, l'enfouissement superficiel (sur quelques centimètres) de déchets riches en cellulose (paille, tiges sèches) est une bonne technique pour limiter les pertes d'azote par lessivage au cours de l'hiver.

L'enfouissement de compost ou de fumier trop jeune favorise le développement de nombreuses maladies et de ravageurs comme cette larve de taupin, mais aussi des nématodes, des vers gris et blancs, etc.

PREMIÈRE PARTIE

Faire un bon compost et bien l'utiliser

Les secrets d'un compost réussi

Le compost, produit d'une fermentation aérobie

Le compost est le résultat d'une fermentation, c'est-à-dire d'une transformation de matières organiques par des micro-organismes. De nombreux autres êtres vivants (vers, insectes, etc.) y jouent également un rôle important.
Cette fermentation est aérobie (faite par des micro-organismes qui ne peuvent se développer qu'en présence d'air), à l'inverse de la fermentation anaérobie qui se déroule par exemple dans un tas de fumier compact ou dans une fosse à purin.
Ce caractère aérobie est essentiel, car c'est grâce à lui que la fermentation ne dégage pas de mauvaises odeurs et aboutit à un produit final de qualité qui, par son aspect et son odeur, rappelle l'humus de la forêt.

Quels déchets peut-on composter ?

Il est possible de composter tous les déchets organiques d'origine végétale et animale capables de se décomposer et de se transformer rapidement et sans nuisances. Ceux de la cuisine, du jardin, des élevages domestiques conviennent, pourvu qu'ils ne soient pas toxiques ou pollués. Des produits minéraux d'origine organique peuvent être ajoutés au compost s'ils sont faciles à décomposer : cendre de bois, coquilles...

PEUT-ON COMPOSTER CES DÉCHETS ?

OUI	**OUI, en quantité limitée**	**NON**
Tous les éléments organiques décomposables sans problème et non pollués par des pesticides, des métaux lourds...	Tous les éléments pouvant être difficiles à décomposer ou nuisibles s'ils sont en grande quantité.	Tout ce qui est très long à décomposer, porteur de maladies graves ou de constituants toxiques.
Les déchets du jardin		
Fleurs fanées, feuilles mortes tendres, déchets ordinaires du potager, du verger, du jardin d'ornement, tailles de haies broyées, bois de taille broyé, « mauvaises herbes » non grainées, racines mortes, plumes, fumier d'animaux d'élevage, paille, foin, végétaux aquatiques…	Tontes de pelouse fraîches, feuilles mortes coriaces, vase de curage de mare, mousse, viscères et restes d'animaux d'élevage familial, pommes de terre flétries ou germées.	Les déchets pollués, les végétaux traités, les plantes trop malades, les fruits atteints de moniliose, les tailles de haies de thuyas ou de cupressus, les plantes à graines trop envahissantes sauf si, pour ces dernières, le compost chauffe.
Les déchets de la cuisine		
Épluchures des fruits et légumes, restes de repas et de préparations culinaires, marc de café avec filtre, thé et tisane (sans les sachets), aliments avariés ou périmés, papier essuie-tout et serviettes en papier, coquilles d'œufs écrasées, coquilles de moules...	Produits animaux (viande, poisson, crustacés, gras, produits laitiers), huile, graisse, feuilles d'ananas et peaux d'agrumes non coupées, épluchures de pommes de terre.	Coquillages durs, os non broyés, coquilles dures (noix…), nappes jetables, étiquettes des fruits.
Autres		
Déchets de l'aquarium, plantes d'appartement non malades, algues lavées de leur sel, tous les végétaux issus de la nature (fougères, écorce d'arbres, broussailles...).	Litière minérale ou biodégradable des animaux domestiques en bonne santé, cendre de bois tamisée, copeaux et sciure non traités, papiers et cartons non colorés, vieux chiffons en fibres naturelles (coton, lin, laine…).	Balayures de la maison, sacs d'aspirateurs pleins, sciures et copeaux de bois traités (agglomérés, contreplaqués…), cendre de charbon, suie, papiers et cartons imprimés en couleur, tous les produits chimiques... Tous les matériaux non biodégradables : verre, métaux, plastiques, matériaux et fibres synthétiques, etc.

Dans la cuisine, prévoyez une poubelle à part pour y entreposer les déchets organiques à composter.

Air, eau, température, pH : quatre clés pour un compost réussi

Tous les organismes vivants qui assurent la transformation des déchets organiques en compost ont besoin d'un milieu favorable pour se développer, être efficaces et aboutir à un humus de bonne qualité. Le jardinier doit donc chercher à réunir les conditions favorables pour que le compostage soit rapide et réussi.

De l'air

Indispensable à la respiration des bactéries, des champignons, des vers rouges, des insectes... Indispensable pour oxyder les matières organiques des déchets et les dégrader en molécules plus simples.
Sans oxygène, les déchets entrent en fermentation anaérobie (en l'absence d'air) nauséabonde, putride, avec transformation du carbone en méthane : il ne peut pas y avoir production de compost ni d'humus. C'est ce qui se passe lorsqu'il y a excès d'eau, notamment dans le fond d'une fosse à compost.
L'incorporation dans le tas de compost de matériaux grossiers structurants (branches et brindilles broyées, paille...) y améliore grandement la circulation de l'air. À l'inverse, les tontes de pelouse et les feuilles mortes tassées la ralentissent car les espaces entre les déchets végétaux sont réduits.

De l'oxygène lors de la phase de décomposition bactérienne

Veillez à ce que le compost reste bien aéré au cours de la première phase du compostage (voir annexe 5 page 142), où les besoins en oxygène sont les plus importants.

Or, il est fréquent que dans un tas, les matières se tassent peu à peu pendant cette phase ; l'aération diminue lentement alors que les besoins en oxygène restent élevés. L'activité des micro-organismes peut en pâtir et ralentir trop vite. On observe alors une baisse rapide de la température. Dans ce cas, relancez la fermentation aérobie en remuant et en aérant à nouveau le compost en formation.

Dans un composteur (appelé aussi silo à compost, voir page 53), c'est régulièrement, avant chaque apport nouveau, qu'il faut aérer et remuer le compost. Cette oxygénation est d'autant plus nécessaire que les déchets utilisés sont aqueux, ce qui est souvent le cas avec les déchets de cuisine.

À l'inverse, trop d'air, suite à l'utilisation de matériaux trop grossiers, non broyés, entraîne un dessèchement et un blocage des fermentations.

De l'eau, mais pas trop

Tous les êtres vivants ont besoin d'eau pour vivre. Les bactéries et les petits animaux du compost n'échappent pas à cette règle, en particulier les vers rouges dont la peau doit rester humide. Lorsque l'humidité est optimale, la transformation des matières

L'eau est indispensable à la transformation des déchets, mais pas en excès.

en compost est assurée d'une manière harmonieuse par des bactéries, des champignons, des vers rouges du fumier.
Le manque d'eau est un facteur limitant qui ralentit le processus de compostage. Ce sont alors surtout des champignons qui se développent et assurent la transformation du compost sans montée de température. On les reconnaît à leurs filaments blanchâtres (voir aussi page 76, Les problèmes et leurs remèdes).
L'excès d'eau est un problème dans la mesure où il s'accompagne presque toujours d'une baisse de l'oxygénation du compost et des échanges gazeux, d'où une fermentation anaérobie.

Comment obtenir la bonne humidité ?

L'eau est apportée naturellement par les déchets verts et les déchets de cuisine, eux-mêmes riches en azote. Mélanger des déchets verts et humides avec des déchets secs suffit souvent pour obtenir une humidité suffisante.
Si vous apportez en une seule fois une quantité importante de déchets verts humides, c'est moins l'excès d'eau qui est à craindre que le manque d'oxygénation, car ces déchets sont souvent tassés et l'air y circule mal. Leur mélange avec des déchets de structure grossière permettra une meilleure circulation de l'air et une fermentation bactérienne aérobie normale.
À l'inverse, si vous apportez une quantité importante de matières sèches comme des feuilles mortes, des tiges sèches de fleurs, il sera nécessaire d'arroser abondamment pour les humidifier.

Contrôlez l'humidité

Il est souhaitable de contrôler régulièrement l'humidité au cours du compostage, en particulier lors de la première phase. La montée en température provoque l'évaporation de l'eau. Si les matières à composter sont assez grossières, elles peuvent se dessécher rapidement et nécessiter un arrosage complémentaire.

Comment vérifier la bonne humidité du compost ?

Test manuel

Prenez dans la main du compost en formation et pressez-le. Si de l'eau s'écoule, il est trop mouillé. Si des gouttes se forment sans ruisseler, c'est parfait. Si la matière semble sèche et cassante, il est trop sec.

Si le compost semble tassé et sent mauvais, il est trop mouillé.

Si vous observez des filaments blancs de champignons, il est trop sec (ou trop riche en carbone).

Autre test

Enfoncez une tige métallique dans le compost en formation. Retirez-la doucement au bout d'un quart d'heure et observez son état.

– Chaud et humide : le compostage se déroule correctement et l'humidité est bonne.

– Froid et humide : le compost est trop humide, mal aéré et/ou il manque d'azote. La fermentation bactérienne est bloquée.

– Froid et sec : le compost est trop sec et trop riche en matière carbonée.

– Chaud et sec : la fermentation bactérienne est encore active mais le manque d'eau ne va pas tarder à la ralentir.

Une température suffisante

Lorsqu'il fait trop froid, l'activité biologique est ralentie. Les vers rouges du fumier, qui interviennent au cours de la deuxième phase de compostage (voir page 143), se développent à partir de 10 °C, mais la température optimale pour leur activité se situe vers 25 °C. Ils disparaissent au-delà de 35 °C. La plupart des micro-organismes décomposeurs se multiplient au-delà de 10 °C, avec un optimum entre 25 et 45 °C.

C'est pourquoi, en hiver, il est utile d'isoler le compost du froid en couvrant le tas avec une bâche (non hermétique pour maintenir l'aération), une couche de paille, de fougères sèches, etc., ou en mettant le couvercle sur le composteur. Il convient aussi de former un tas trapu dans lequel la chaleur sera davantage confinée.

En été, l'ombre est précieuse pour protéger le compost contre les températures caniculaires et le dessèchement.
Au-delà de 80°C, la plupart des bactéries sont éliminées et leur activité enzymatique très réduite.
Le rôle de la température dans le compostage est traité page 37.

Les bonnes conditions pour le compostage

Pour se développer et assurer le compostage, les êtres vivants ont besoin :
- d'oxygène (pour l'aération),
- d'eau mais pas trop,
- d'un milieu non acide,
- de carbone, source d'énergie,
- d'azote mais pas trop,
- de sels minéraux.

Un milieu non acide

Les bactéries du compost et les vers rouges du fumier se développent dans un milieu peu acide, neutre ou légèrement basique (pH[1] entre 6 et 8). Les vers apprécient la présence d'un peu de calcaire. Un tel milieu permet d'assurer une dégradation correcte et rapide de la cellulose et de la lignine, ainsi que des matières azotées contenues dans les tissus végétaux jeunes. De plus, le calcium favorise la création d'un humus de bonne qualité et l'amélioration de la structure de la terre.
Lorsque les déchets sont acides, les bactéries et vers rouges régressent au profit des champignons, plus tolérants mais moins performants. Le compost obtenu est alors de moins bonne qualité.
D'une manière générale, lorsque les déchets sont variés et suffisamment riches en azote (voir plus loin), le compost n'est pas acide.
En revanche, si vous récupérez des déchets acides ou très ligneux (aiguilles de pin ou de sapin, feuilles issues de bois sur terrain acide, tourbe, importante quantité de fruits acides tels

1. Le pH mesure l'acidité du sol ou de tout autre milieu. Au-dessous de 7, le milieu est acide, au-dessus, il est basique (ou alcalin).

que citrons, fruits verts...) et que votre jardin se trouve lui-même sur une terre acide, il est souhaitable de neutraliser l'acidité avec des apports modérés de calcium.

L'acidité varie au cours du compostage

Au début, la transformation des déchets végétaux s'accompagne d'une production d'acides organiques (à partir de la dégradation des sucres) et d'acide carbonique (à partir du gaz carbonique) qui acidifient le compost (voir figure 9 page 145). L'acidification est d'autant plus importante que les déchets végétaux sont eux-mêmes acides.

Mais rapidement, la dégradation des matières azotées d'origines végétale et animale en ammoniac s'accompagne d'une alcalinisation du compost et l'acidité diminue (le pH remonte). Puis, la libération progressive des éléments minéraux contenus dans les déchets végétaux et leur concentration dans le compost en cours de maturation entretiennent une ambiance alcaline (ou basique). Cela se traduit dans la plupart des composts par un pH final de 7,5.

Sous quelle forme apporter le calcium ?

Lorsque cela est nécessaire (terre acide, déchets acides), apportez le calcium sous forme de carbonate finement broyé, dont l'action est lente et progressive. Vous le trouverez sous cette forme dans la dolomie (roche calcaire riche en magnésium originaire des Alpes), dans la craie naturelle broyée et dans le lithothamne, appelé aussi maërl (une algue calcaire bretonne, riche aussi en magnésium et en nombreux oligoéléments). Il est possible de trouver au moins l'un de ces trois produits dans les jardineries.

La cendre de bois, tamisée pour enlever le charbon de bois et les corps étrangers, est intéressante car elle contient beaucoup de sels minéraux ; mais le calcium s'y trouvant sous forme de chaux très soluble, les apports de cendre doivent être parcimonieux (voir encadré page suivante). Elle contient aussi beaucoup de potasse et d'oligoéléments.

L'utilisation intensive du maërl dans l'industrie et l'agriculture épuise cette ressource peu renouvelable et contribue à la dégradation des fonds marins bretons. Toutefois, les volumes utilisés pour le jardin restent négligeables par rapport aux autres utilisations.

En règle générale, les apports d'amendement calcaire doivent être légers mais réguliers. Saupoudrez-en le compost régulièrement au fur et à mesure de l'apport de déchets, en alternant cendre et calcaire broyé. C'est la meilleure manière d'introduire ces éléments indispensables au jardin. Mais sans excès : deux ou trois poignées (une poignée = 20 g) lors de chaque apport, soit au maximum 3 kg de cendre ou de calcaire par m^3 de déchets (voir page 52, Compost en tas ou en silo ?).

Pas de chaux

N'apportez surtout pas de chaux, dont le calcium soluble est très actif. La chaux provoque une décomposition trop rapide des matières organiques avec perte d'une partie des éléments fertilisants, en particulier de l'azote sous forme ammoniacale. L'excès de calcaire soluble bloque l'action bactérienne et retarde aussi la dégradation de la lignine. Dans le sol, il immobilise le phosphore et de nombreux oligoéléments qui deviennent inaccessibles aux racines.

Le bon mélange ou le mariage de l'azote et du carbone

Azote et carbone sont – avec l'hydrogène et l'oxygène – les deux principaux constituants des plantes.

• L'azote est abondant dans les plantes jeunes, dans l'urine, dans les déjections (animales et humaines). À l'exception des légumineuses qui captent l'azote de l'air, les autres plantes le trouvent dans le sol.

• Le carbone est le constituant principal de la cellulose, de la lignine et des sucres. Il est abondant dans les plantes ou les parties de plantes âgées (feuilles, branches, paille, foin, écorces). Les plantes le trouvent dans l'air sous forme de gaz carbonique.

Dans la réussite du compost, la proportion entre ces deux éléments joue un rôle essentiel.

Tontes de pelouse : trop d'azote et odeur d'ammoniac

Vous aurez probablement remarqué que les tontes de pelouse mises en tas entrent très vite en fermentation en dégageant beaucoup de chaleur et d'azote sous forme d'ammoniac, à l'odeur désagréable.

C'est la conséquence de l'intense activité bactérienne qui s'attaque aux substances fermentescibles facilement dégradables des jeunes feuilles : sucres solubles, azote sous forme de nitrates et d'acides aminés... Une partie de l'azote est transformée en ammoniac gazeux qui part dans l'atmosphère.

Mais rapidement la fermentation ralentit et s'arrête, le tas de tontes se tasse, refroidit, devient collant, putride et nauséabond.

De même que les tontes de pelouse, tous les déchets verts jeunes sont riches en azote. Ils sont généralement mous et très humides et contiennent peu de matières fibreuses carbonées (cellulose, lignine).

Avantages

Les déchets riches en azote stimulent fortement l'activité bactérienne et permettent d'activer le démarrage du processus de compostage. Laissés à la surface du sol en paillis ou légèrement incorporés à la surface de la terre du jardin, ils provoquent une prolifération de micro-organismes du sol qui améliore la structure de la terre.

Inconvénients

Ces déchets fournissent peu d'humus. Ils sont souvent trop humides et trop mous et ne contiennent pas assez de matières fibreuses pour fournir le carbone (source d'énergie) nécessaire aux micro-organismes et pour maintenir l'aération du tas. Ils ne doivent pas êtres mis seuls dans un tas de compost.

Feuilles mortes : trop de carbone

Les feuilles mortes, tout comme la paille, le bois âgé, le papier, se dégradent très lentement. À l'intérieur d'un tas humide de feuilles, on observe souvent des filaments blanchâtres, et des chapeaux de champignons prennent naissance sur le pourtour. Faute d'éléments fermentescibles (nitrates, acides aminés, sucres simples...), la décomposition bactérienne ne peut s'enclencher suffisamment et la transformation débute directement par la phase de prolifération des champignons (phase 2 du compostage, voir annexe 5 page 143) qui puisent dans les matières carbonées leur source d'énergie (voir annexe 5 page 142). La faible humidité contribue à ralentir davantage la dégradation qui peut durer plus d'un an.

Le compost produit est de qualité médiocre, mais il peut être un bon support de culture[1] (voir page 111 Le terreau de feuilles).

Les matériaux riches en carbone sont pour la plupart des déchets issus de végétaux âgés. Ils manquent de matières azotées et de sucres fermentescibles. Ils sont souvent secs et durs.

Avantages

Les matières riches en carbone (en cellulose et en lignine) peuvent fournir une quantité élevée d'humus stable (20 % de leur poids de matière sèche), à condition de les mélanger à des matières complémentaires riches en eau et en azote lors du compostage.

Inconvénients

Ces matières se décomposent très lentement et de manière incomplète, faute d'azote. Incorporé dans la terre à un stade trop jeune, le compost obtenu à partir de matières trop riches en carbone utilise l'azote du sol pour finir sa transformation, au détriment des plantes cultivées qui risquent d'en manquer, provoquant ce que l'on appelle une « faim d'azote » (voir page 19).

1. Support de culture : matériau qui remplace la terre (pour partie) pour les plantations en pot, en jardinière..., ou pour les semis.

Déchets domestiques d'origine animale : beaucoup d'azote, pas de cellulose

Les produits animaux (la viande, le poisson, les crustacés, le gras, le sang, la peau et les plumes...) ne se transforment pas en humus, faute de matières carbonées fibreuses sous forme de cellulose ou de lignine.
Ils sont riches en azote (protéines), en matières carbonées simples (graisses), en phosphore (poissons), en soufre (plumes).

Avantages

Leur apport en quantité modérée dans le compost contribue à l'enrichir en azote et en divers éléments utiles.

Inconvénients

Leur excès est source de mauvaises odeurs et de la pullulation désagréable de mouches et de moucherons, dont les larves (asticots) vivent des matières animales putréfiées.

Un bon équilibre carbone/azote (C/N)

Des déchets comme le fumier pailleux ou les tailles d'arbustes de printemps se décomposent assez rapidement car ils sont bien équilibrés : ni trop humides ni trop secs, ni trop durs ni trop mous, ils présentent un bon équilibre entre substances azotées fermentescibles et substances carbonées fibreuses plus résistantes. Ils ont donc un bon rapport carbone/azote (C/N).
La valeur optimale de ce rapport se situe autour de 30, c'est-à-dire qu'il faut 30 fois plus de carbone que d'azote. À la fin du compostage, le C/N du compost mûr n'est plus que d'environ 15.

Le rapport carbone/azote idéal d'un tas de compost est de 30 car les micro-organismes consomment environ 30 fois plus de carbone que d'azote.

Estimez « votre » C/N

Le rapport carbone/azote des tontes de pelouse est de 12, celui des feuilles mortes de chêne de 50, celui de la paille de blé de 130, celui de la sciure de 500. Il faut donc mélanger différents matériaux, les uns riches en azote, les autres riches en carbone pour arriver à un équilibre satisfaisant.

Un exemple : si vous disposez de 10 kg de tontes de pelouse (C/N=12), il faudra environ 15 kg de feuilles mortes (C/N=50) pour obtenir un mélange satisfaisant avec un C/N de 30. En d'autres termes, il faut mélanger deux parts de tontes pour trois parts de feuilles. Mais il faudra seulement 2 à 3 kg de paille de blé (C/N=130) pour obtenir le même équilibre (la paille d'orge et la paille d'avoine ont un C/N de 50, comme les feuilles mortes).
À l'inverse, si vous disposez de 1 kg de sciure de bois, il faudra ajouter 9 à10 kg de tontes de pelouse.
Avec un C/N de 25, les déchets de cuisine ont une composition presque idéale, juste un peu trop pauvre en matière carbonée. Il suffit d'ajouter un peu de feuilles ou de tiges sèches de fleurs du jardin pour que le compostage se déroule rapidement et produise un humus de qualité.

L'âge a du bon

D'une manière générale, plus les végétaux sont âgés et mûrs (on dit « aoûtés » pour les arbustes), plus ils contiennent de matières carbonées, sous forme de cellulose et de lignine. Les arbres contiennent plus de lignine que les arbustes. L'herbe ne contient pas de lignine. L'herbe haute d'une pelouse rendue à l'état de prairie a une composition plus équilibrée, plus riche en cellulose, qu'un gazon jeune tondu toutes les deux semaines.

Dans la pratique, on apprécie le rapport C/N au jugé, en fonction des déchets que l'on possède et de son expérience (voir tableau page 36). Plus les apports de déchets sont variés, plus on a de chances de réussir le bon cocktail. On le voit bien à la manière dont les déchets se transforment en compost et à la vitesse de transformation. Un compost bien équilibré mûrit en 4 à 6 mois.
Lors de vos premières expériences de compostage, il est possible que vous éprouviez quelques difficultés. N'en soyez pas décou-

Tous les déchets organiques de la cuisine peuvent être mis à composter, y compris les déchets de viandes, les peaux d'agrumes, les filtres à café, les fruits moisis...

Mélangez des déchets de nature différente	
Riches en carbone ce qui revient souvent à : secs fermes jaunes vieux	**Riches en azote** ce qui revient souvent à : humides mous verts jeunes

ragé ; comme pour toute recette de cuisine, il faut un peu de temps pour acquérir le tour de main.

Tableau comparatif de la composition des déchets organiques à composter

Le tableau de la page suivante donne une indication approximative de la proportion en carbone et en azote de différents matériaux organiques.

Le secret du compostage consiste soit à utiliser les matériaux de la colonne centrale, « prêts à composter » car leur équilibre carbone/azote est favorable, soit à utiliser un mélange de matériaux des colonnes de droite et de gauche.

Le rapport carbone/azote des matériaux pour le compost		
Matériaux pauvres en carbone et riches en azote (C/N inférieur à 25)	Matériaux de composition idéale (C/N entre 25 et 30)	Matériaux riches en carbone et pauvres en azote (C/N supérieur à 30)
• engrais vert jeune (10-20) • fanes de légumineuses : haricots, pois, fèves, de tomates, feuilles vertes (10-20) • orties jeunes, purin d'ortie • déchets végétaux jeunes (fleurs, feuilles) • tontes de pelouse (10-15) • déchets de cuisine (20 à 25) • déjections animales et fientes (5-10) • fumier pailleux de mouton (15-20) • fumier de volailles (10-15) • fumier de bovin décomposé (10-15) • algues marines fraîches • urine (1) • déchets de viandes • poudre de sang (3) • plumes, poils, peaux de lapin	• feuilles d'aulne, d'arbres fruitiers, de frêne, de noisetier, de sureau… • fumier pailleux de bovin et de cheval (20-30) • « mauvaises herbes » • marc de café • fanes de pommes de terre • tailles d'arbustes de printemps • foin • orties âgées	• paille d'avoine, de seigle, d'orge (50) • paille de blé (130) • bois de taille d'hiver d'arbustes • tiges sèches de fleurs • sciure (150-500) • papier • feuilles de chêne (50-60) • feuilles de bouleau, d'érable, de platane, etc. • aiguilles de pin (30) • tourbe (emploi non recommandé)

Mélanger facilement les déchets avec une tondeuse à gazon.

Des astuces pour mélanger facilement les déchets

- Étalez les déchets secs et ligneux, par exemple des tiges de fleurs fanées, sur une pelouse et passez la tondeuse : ils seront broyés et mélangés à l'herbe humide et riche en azote.
- En automne, procédez de la même façon pour ramasser les feuilles mortes tombées sur la pelouse.
- S'il vous reste des quantités importantes de feuilles mortes, stockez-les en tas ou dans un bac à côté du tas de compost ou du composteur en vue de les réutiliser au printemps lors des apports massifs de tontes de pelouse.
- Ayez toujours une fourche à proximité du compost pour mélanger les déchets au fur et à mesure de leur apport.

Compostage chaud ou compostage froid ?

Selon les conditions du compostage, il peut être « chaud », avec une forte élévation de la température, ou « froid », sans échauffement notable.

La chaleur dégagée au début du compostage est produite par l'intense activité bactérienne et biochimique lors de la dégradation des déchets fermentescibles facilement décomposables. Elle varie en fonction de la nature des déchets.

Au jardin, la montée de température n'est pas indispensable pour obtenir un compost de qualité dans des délais raisonnables (6 à 9 mois) car la plupart des micro-organismes décomposeurs se développent correctement entre 20 et 40 °C, en quantité moindre cependant que lorsque la température dépasse 40 °C. De fait, avec l'expérience, la durée du compostage froid est à peine supérieure à celle du compostage chaud.

La production de chaleur est principalement la conséquence de la dégradation des molécules de sucres (fructose, amidon...) en gaz carbonique (CO_2) et eau.

Sucre simple + oxygène → CO_2 (dioxyde de carbone) + eau + énergie (chaleur)

On observe le même type de réaction lors de la fermentation du vin due à la transformation des sucres du raisin en alcool par des levures.

Le compostage chaud

Avec ce mode de compostage, la température dépasse 60 °C, atteignant parfois 70 °C. Cette montée en température s'obtient facilement lorsque les déchets sont apportés en quantité importante sur le tas ou dans le composteur et que leur composition équilibrée favorise l'activité bactérienne. Ainsi, des tontes de pelouse s'échauffent rapidement, mais pas longtemps car elles manquent d'éléments carbonés. Des branches taillées en pleine sève de printemps et broyées s'échauffent durablement car leur composition est équilibrée.

Les avantages : destruction des graines et des maladies

Une température de 65 à 70 °C pendant 4 jours suffit à détruire les **graines** des plantes indésirables, mais aussi des légumes (cucurbitacées, tomates) et des fleurs un peu prolifiques. Cependant, les graines situées en périphérie du tas, où la température est moins chaude, restent intactes. Le retournement du tas relance en général la fermentation chaude et permet de détruire le reste des graines si vous prenez soin de mettre ce qui était en périphérie dans le fond du tas de compost. Il doit intervenir assez tôt, lorsque la phase de dégradation bactérienne est encore active.

Lorsque le mélange des déchets est bien équilibré, la première phase de compostage dégage beaucoup de chaleur. La température peut atteindre 70 °C.

Entre 40 et 70 °C, la plupart des microbes responsables de maladies (bactéries et champignons pathogènes), ainsi que les insectes et les acariens parasites, sont détruits. Les rares organismes résistants sont la maladie des racines liégeuses de la tomate ou « corky-root » *(Pyrenochaeta lycopersici)* qui touche les productions intensives de serre ; le *Verticillium dahliae*, un parasite polyvalent qui peut infecter des variétés non résistantes d'aubergine, de tomate et le houblon ; diverses maladies virales du tabac. La hernie des crucifères *(Plasmodiophora brassicae)* se montre aussi assez résistante à des températures élevées.

Les inconvénients

L'échauffement du tas provoque une perte d'éléments sous forme gazeuse, en particulier de l'ammoniac. Il ne faut pas dépasser 80 °C, car l'activité bactérienne et enzymatique diminue et une partie des éléments carbonés est comme brûlée.

Comment favoriser la montée en température ?

Sans être indispensable, le maintien d'une température élevée pendant quelques jours est une sécurité vis-à-vis des graines

FIG. 1 – LE RETOURNEMENT DU TAS DE COMPOST

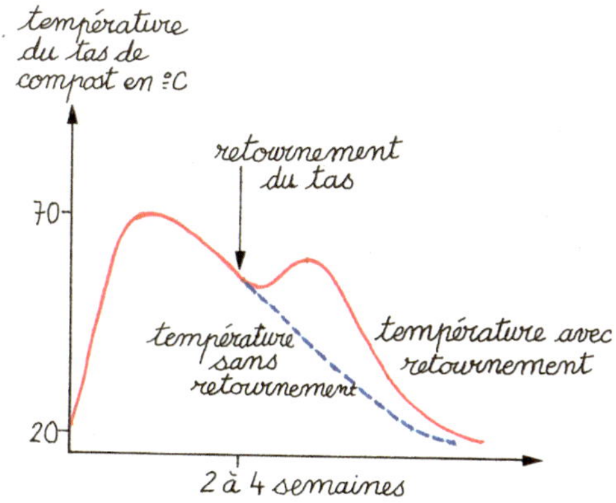

Le retournement du tas de compost aère et relance les fermentations aérobies par les bactéries thermophiles, mélange et décompacte les matériaux, détruit les graines et les organismes pathogènes éventuels situés en périphérie.
Il doit être réalisé assez tôt, tant que l'activité des bactéries thermophiles est encore très active.
La dégradation des éléments fermentescibles encore présents redémarre alors avec une nouvelle poussée de chaleur.

indésirables et des maladies. Cela évite de faire trop attention lors de la récupération des déchets du jardin.

Augmentez le volume de déchets

Cela permet d'atteindre la masse critique qui conditionne un fort dégagement de chaleur et son confinement au sein du tas ou dans le composteur.

Pour y parvenir, veillez à récupérer en une seule fois un volume important de déchets, par exemple lors du nettoyage de printemps ou de fin d'été, après la taille des arbustes du jardin... Broyez les déchets les plus grossiers.

Formez un tas trapu

La forme du tas a une influence sur la température : s'il est étalé, la chaleur produite par l'activité bactérienne se disperse ; s'il est trapu, elle reste davantage confinée.

N'oubliez pas les matériaux riches en carbone

Il faut veiller à ce que le mélange des déchets soit équilibré. La chaleur est produite par la dégradation des matériaux fermentescibles, généralement mous et riches en eau, mais la présence de matériaux ligneux de structure grossière, comme la paille, les branches de taille et des feuilles mortes broyées, est nécessaire pour maintenir une bonne aération et soutenir les fermentations bactériennes. Ainsi un tas de déchets trop mou, peu aéré, trop humide s'échauffera peu malgré la présence de matières fermentescibles.

Couvrez le tas

Le maintien d'une couverture pendant la phase chaude du compostage permet d'augmenter celle-ci de 25 % environ.

FIG. 2 – ÉVOLUTION DES DÉCHETS EN FONCTION DU RAPPORT CARBONE/AZOTE ET DE LA RICHESSE EN ÉLÉMENTS FERMENTESCIBLES

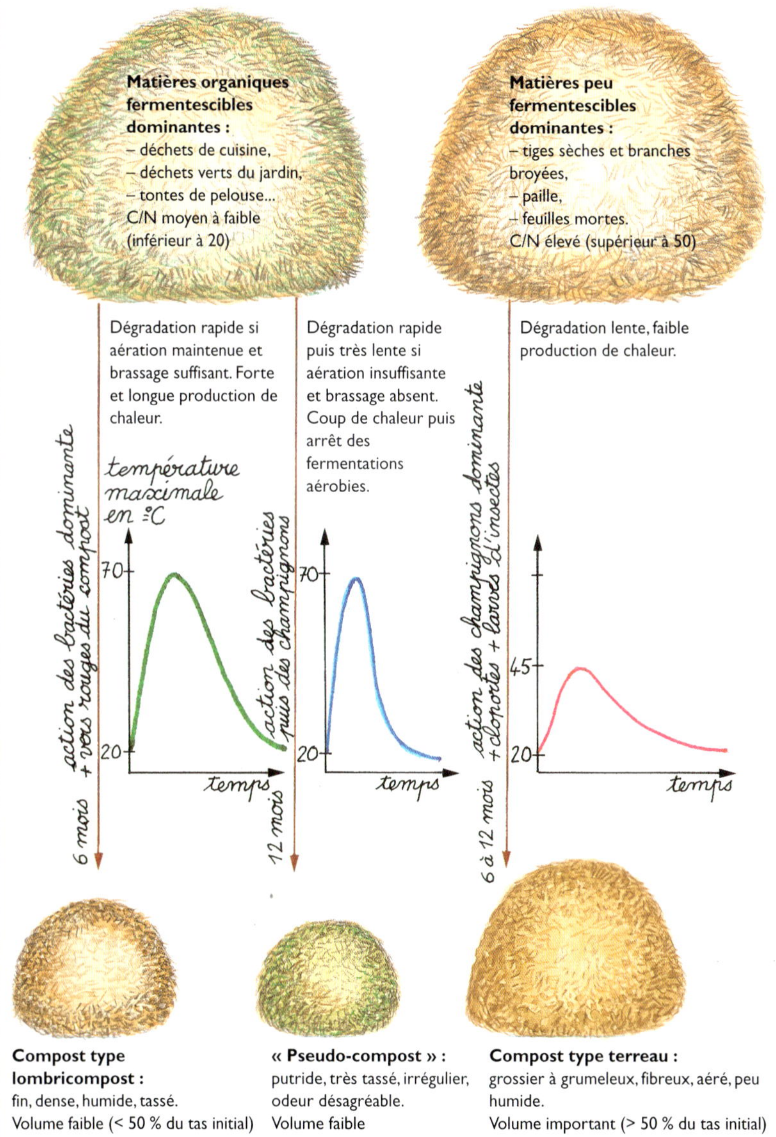

Le compostage froid

Dans ce cas, la température du compost reste proche de la température ambiante et, au mieux, ne dépasse pas 40 °C. Il peut y avoir plusieurs raisons à cela.

• Le volume des déchets est insuffisant et ne permet pas de retenir la chaleur produite par l'activité bactérienne. C'est ce qui se passe lorsqu'on apporte les déchets en petites quantités au fur et à mesure de leur production, notamment lorsqu'on utilise un composteur.

• Le tas n'est pas protégé du froid et n'est pas couvert.

• Le compost est trop mouillé ou, au contraire, trop sec. En cas d'excès d'humidité, par exemple si les déchets ont été trop arrosés, la chaleur produite par la dégradation est utilisée pour évaporer l'eau et la température reste faible.

• Il n'y a pas assez de déchets facilement fermentescibles, riches en azote, et le développement bactérien est limité.

• Le tas se tasse et le manque d'oxygène ralentit l'activité bactérienne.

Les avantages du compostage froid

Il y a moins de perte d'éléments sous forme gazeuse, en particulier d'azote sous forme d'ammoniac. Le développement des vers rouges du fumier et des autres petits animaux du compost est immédiat et leur activité complète celle des micro-organismes. Le compostage peut être rapide et le compost de qualité, à condition de prendre la peine de mélanger régulièrement, lors de chaque apport, les déchets avec la couche précédente.

Les inconvénients

Le compost reste plus humide. Les graines d'herbes indésirables, les germes de maladies et certains parasites résistants susceptibles d'être présents dans les déchets végétaux ne sont pas totalement détruits. Dans ce cas, il convient de limiter les apports de déchets provenant de plantes fortement contaminées, sans toutefois tomber dans un souci d'hygiène excessif. En effet, la plupart des risques sont éliminés, même en l'absence de chaleur, par les processus biologiques et biochimiques du compostage et par l'incorporation du compost dans le sol (voir page 149).

En résumé : les règles essentielles du compostage

- Bien mélanger des déchets de nature différente (secs et humides, riches en carbone et riches en azote, jaunes et verts).
- Chercher à obtenir rapidement un volume important.
- Mouiller si le mélange semble trop sec.
- Aérer le tas, décompacter les déchets tassés.
- Couvrir le compost pour l'abriter de la pluie et du dessèchement.

Broyer, enrichir, activer

Faut-il broyer les déchets ?

Non broyés, les déchets grossiers, fibreux et ligneux, souvent durs et assez secs, mettent beaucoup de temps pour se décomposer, parfois plus d'un an. Leur broyage augmente considérablement les surfaces d'attaque par les micro-organismes et permet une décomposition beaucoup plus rapide.
Les copeaux de broyage peuvent être facilement mélangés à des matières plus humides et plus riches en éléments azotés. Ils s'humidifient rapidement, ce qui facilite l'action des bactéries.
Les feuilles mortes, notamment, se décomposent beaucoup plus vite lorsqu'elles sont broyées.

Comment broyer les déchets du jardin ?

Les déchets de petite taille : avec la tondeuse

Pour les déchets de taille réduite et peu épais, la tondeuse à gazon convient très bien. Elle permet de réaliser rapidement et sans effort une opération « trois en un » : broyage des déchets fibreux, tonte de l'herbe et mélange de ces deux types de matière pour obtenir un mélange équilibré.

Commencez par étaler les déchets à broyer sur la pelouse (ou sur la terre nue, si vous n'avez pas de pelouse). Passez la tondeuse munie de son panier de ramassage, lentement mais avec une vitesse de rotation de la lame élevée. En cas de bourrage, étalez davantage les déchets et passez dessus avec seulement la moitié de la largeur de la tondeuse. La lame ne risque rien si vous éliminez les objets durs et les cailloux.

La tondeuse permet de broyer et de recycler un grand nombre de déchets du jardin d'ornement et du potager : ceux provenant des tailles régulières des arbustes et des haies (retirez au préalable les sections les plus grosses avec le sécateur), les tailles de rosiers, les herbes arrachées, les tiges et les feuilles sèches des fleurs, des plantes vivaces, des haricots, des topinambours, les tiges des légumes montés en graine (arroche, bette, chou, fenouil, poireau), les feuilles mortes en automne...

Broyez ces déchets sans tarder après une séance de taille ou de nettoyage du jardin afin qu'ils ne sèchent pas et, s'ils forment une masse importante, qu'ils n'étouffent pas l'herbe de la pelouse. L'idéal est de se réserver une demi-heure à la fin de la taille.

La tondeuse permet de broyer facilement les déchets de petit calibre peu durs.

Pour broyer les déchets de gros calibres et volumineux, le broyeur est l'outil le plus adapté.

Les déchets volumineux : avec un broyeur

Si vous disposez d'un vaste jardin qui génère des volumes de déchets ligneux et secs importants (nombreuses tailles de haies et d'arbustes, beaucoup de feuilles mortes épaisses...), la location ou l'achat d'un broyeur à végétaux peut s'avérer utile (voir Quels outils pour composter ? page 136 et Utiliser les déchets de taille page 119).

N'attendez pas trop pour broyer les végétaux taillés afin qu'ils n'aient pas le temps de se dessécher car les branches encore humides sont plus tendres et se transforment plus rapidement en compost. Ne broyez pas de bois mort.

Si vous essayez de broyer des matériaux mous, filandreux ou gorgés d'eau (trognons de chou, vieilles tiges de bettes, lierre...), il y a risque de bourrage. Pour l'éviter, introduisez en même temps des matériaux plus secs et plus rigides (branches, tiges sèches de fleurs...). Cette astuce permet aussi d'améliorer le rapport carbone/azote.

Faut-il enrichir le compost en éléments minéraux ?

En principe non. Si les matériaux à composter sont diversifiés, le compost contiendra une grande diversité d'éléments minéraux et d'oligoéléments.

Les éléments minéraux du compost agissent à deux niveaux. D'abord dans le tas lui-même, où ils sont nécessaires au développement et à l'activité des micro-organismes décomposeurs. À ce titre, ils peuvent être considérés comme des activateurs (voir page 48). Une fois le compost étalé sur la terre du jardin, ils deviennent des éléments fertilisants pour les plantes. L'apport d'éléments minéraux fertilisants se justifie dans deux cas.

• Lorsque le sol est acide, il est souhaitable d'apporter un **amendement calcaire** et de la cendre de bois pour améliorer sa structure, favoriser l'activité bactérienne et la synthèse d'un humus de qualité (voir Un milieu non acide page 28). La cendre de bois apporte aussi de la potasse et divers sels minéraux.

• Si vous utilisez le compost pour des cultures exigeantes (légumes, fruits, rosiers), il peut être nécessaire de l'enrichir par des éléments susceptibles de manquer dans la terre du jardin. Les carences éventuelles peuvent être identifiées grâce à une analyse de sol.

Dans la pratique, le calcium, le magnésium et les oligoéléments sont apportés avec la cendre et les amendements calcaires. La **potasse** fait rarement défaut dans une terre riche en argile et en humus. Dans le cas contraire, la cendre de bois en apportera suffisamment pour satisfaire aux besoins des plantes. En cas de

Le broyage accélère le compostage des déchets ligneux et pailleux. Réduits en petits tronçons et déchiquetés, ils sont plus vite attaqués par les micro-organismes du compost et sont moins encombrants.

carence en **phosphore**, ajoutez un engrais naturel riche en cet élément comme la poudre d'arêtes de poisson, la poudre d'os ou des phosphates naturels broyés : saupoudrez quelques poignées de temps en temps sur le compost (3 kg par m^3 environ). Les fientes de volaille, pures ou sous forme de fumier, sont naturellement riches en azote, en phosphore et en calcium. C'est un excellent engrais (voir tableau page 81).

Les fertilisants de complément : dans le compost

Les incorporer au compost est la meilleure manière d'introduire – sans excès – les éléments fertilisants et les amendements au jardin. Grâce à l'activité des micro-organismes, les engrais minéraux insolubles utilisés en jardinage biologique sont solubilisés plus rapidement que s'ils étaient mis directement dans la terre. Incorporés à la matière organique, ils agissent en douceur.

Faut-il ajouter un activateur de compost ?

Les activateurs sont des produits ajoutés au compost pour accélérer la transformation des déchets, en particulier ceux à décomposition lente comme les feuilles mortes. Ils sont inutiles dans la plupart des cas. On en distingue deux catégories.

Les activateurs biologiques

Ils sont destinés à ensemencer le tas de compost en micro-organismes décomposeurs et humidificateurs ou à apporter les enzymes produits par ces micro-organismes. Or, ces « ferments » sont naturellement présents dans la terre arable du jardin, dans le fumier, le vieux compost ou dans la litière de forêt. Il est donc inutile d'en acheter sauf, éventuellement, dans des sites très urbains déconnectés de la nature.

Ne lavez pas votre composteur et gardez du vieux compost. Il servira à ensemencer le nouveau en micro-organismes et à accélérer leur développement.

Les activateurs azotés et minéraux

Les activateurs azotés visent à rééquilibrer le rapport carbone/azote des déchets organiques.

Ils sont inutiles si vous veillez à diversifier et à bien mélanger les déchets. L'azote nécessaire au développement des bactéries et à la dégradation des matières carbonées sera fourni par les déchets tendres et riches en azote, comme les tontes de pelouse, les déchets de cuisine...

Ils sont utiles en revanche pour composter un volume important de matériaux riches en carbone (paille, branches broyées en hiver...) et pour activer la réalisation d'un terreau de feuilles.

La majorité des activateurs du commerce ne sont en réalité que des engrais azotés d'origine chimique, le plus souvent du sulfate d'ammoniaque. Ils sont à éviter.

Les engrais azotés d'origine organique permettent d'obtenir un compost de bien meilleure qualité qu'avec des engrais chimiques. Les meilleurs activateurs sont les jeunes **orties** ou la **consoude** utilisées telles quelles ou sous forme de purin pour arroser les déchets. D'autres sources d'azote organique sont utilisables : les fientes de volaille et de lapin, les engrais organiques azotés (poudre de sang, farine de plume, poudre d'os, guano...).

Un petit pipi sur le compost ? C'est très favorable puisque l'urine est riche en azote (urée) et en sels minéraux.

Les **algues marines** lavées de leur sel sont un excellent activateur de compostage, riche en azote et en nombreux oligoéléments.

Les **activateurs minéraux** sont intéressants lorsque le substrat composté est pauvre en sels minéraux et en oligoéléments : sciure, broussailles, écorces de résineux, etc. Les activateurs et apports minéraux fertilisants cités plus haut (voir pages 46, 47) suffisent à compenser cette pauvreté et permettent de stimuler l'activité des micro-organismes.

Recette du purin d'ortie ou de consoude

Le purin d'ortie ou de consoude n'est vraiment utile que si le compost ne contient pas suffisamment de matières azotées.
Récoltez de jeunes orties fraîches avec leur tige. Entassez-les dans un récipient en plastique d'au moins 10 litres. Lorsqu'il est plein d'orties tassées, remplissez-le d'eau ; comptez environ 1 kg d'ortie pour 10 litres d'eau. Couvrez le récipient d'une planche en bois lestée d'un gros caillou pour bien maintenir les orties immergées. Laissez macérer pendant au moins 1 semaine à l'ombre. Lorsque le purin commence à sentir mauvais, il est prêt. Prélevez 1 à 2 litres de purin et ajoutez-le à 10 litres d'eau pour arroser le compost en formation. Les restes d'orties rejoindront le compost. Le purin peut se conserver plusieurs semaines au frais et à l'ombre. Pour une longue conservation (1 an), il faut le filtrer et le verser dans des bouteilles en plastique hermétiques.
Le purin de consoude se réalise de la même manière.

Rien ne vaut du purin d'ortie ou de consoude pour activer la fabrication du compost.

La pratique du compostage

Où installer le compost ?

À plat, jamais dans un trou

Il faut que l'eau de pluie puisse s'évacuer facilement, ainsi que les jus de fermentation qui parfois s'échappent du compost.
Dans un trou, les liquides s'accumulent, d'où un manque d'air. La fermentation devient anaérobie et putride lors des périodes de pluie et le pseudo-compost obtenu est de très mauvaise qualité, voire toxique pour les plantes.

À même la terre nue, pas sur une aire bétonnée

Tous les micro-organismes et animaux décomposeurs sont présents dans la terre du jardin. Pour leur permettre de pénétrer dans les déchets à transformer, ces derniers doivent être déposés sur la terre nue, et non sur une surface imperméable. La terre nue absorbe les jus de fermentation et l'eau en excès.
Désherbez l'aire de compostage avant d'y entasser les déchets. Ses abords seront maintenus propres, désherbés ou tondus régulièrement pour éviter l'arrivée dans le compost de graines ou de stolons de plantes indésirables.

Dans un endroit ombragé en milieu de journée

L'aire de compostage doit être installée à l'abri du vent et du plein soleil, sans pour autant être dans un endroit trop ombragé. L'idéal est à l'abri d'une haie arbustive à feuilles caduques. Le soleil pénètre en hiver et réchauffe le compost, tandis que l'ombrage estival évite une trop forte évaporation. Ce type de haie

entretient une atmosphère humide et fraîche autour du compost et attire de nombreux insectes utiles.
Certaines essences semblent particulièrement favorables : noisetier, sureau, charme (ou charmille), aulne, arbres fruitiers.
En revanche, les résineux en général et principalement les thuyas et divers cupressus sont peu favorables.
Un emplacement situé le long d'un mur au nord de la maison peut à la rigueur convenir sauf dans les régions trop froides.

Dans un endroit facile d'accès depuis la maison, dégagé des obstacles

Il faut pouvoir accéder à l'aire de compostage rapidement et confortablement pour vider régulièrement la poubelle à compost.
Veillez à ce qu'il y ait un point d'eau non loin afin de pouvoir mouiller les déchets trop secs, nettoyer les outils, la poubelle. Il est souhaitable de pouvoir brancher un tuyau.
Une prise électrique sera utile à une portée de rallonge afin de brancher éventuellement un broyeur électrique.
Il faut pouvoir manœuvrer à l'aise avec une brouette sur l'aire de compostage. La place doit être assez large autour du tas ou devant le silo.

Le silo à compost convient bien dans les petits jardins et les jardins de ville. À installer dans un endroit facile d'accès, ombragé en été et au soleil en hiver, protégé des vents froids et violents.

Pensez aussi à réserver un endroit pour entreposer les déchets volumineux (feuilles mortes en hiver, tontes de pelouse au printemps avec la possibilité de les étaler pour qu'elles sèchent un peu) et, si nécessaire, mélanger les déchets avant de remplir le composteur. Prévoyez large, afin de rendre possible l'installation d'un second tas ou d'un second composteur, toujours utile lorsque le premier est plein.

Composter en tas ou en silo ?

Vous choisirez l'un ou l'autre en fonction de la place disponible, de la taille du jardin, du volume des déchets verts produits et d'un jugement esthétique. Il est possible d'utiliser les deux systèmes, le silo pour les déchets de la cuisine et du jardin produits régulièrement, le tas pour les gros volumes saisonniers.

Le compost en tas

Il convient surtout aux grands jardins (plus de 1 000 m^2 environ), qui génèrent beaucoup de déchets d'entretien, ou encore aux jardins plus petits mais cultivés de manière intensive et dont le jardinier est attentif à recycler tous les déchets.

Avantages

Le tas est plus aisé à manipuler, que ce soit pour le monter, mélanger les matériaux, les aérer, arroser, le retourner, prélever le compost formé. Si le volume des déchets est rapidement important (environ 1m^3), le tas permet un meilleur contrôle de la montée en température.

Inconvénients

Le tas prend plus de place au sol qu'un composteur. Il peut être jugé inesthétique. Dans ce cas, vous pouvez le protéger du regard par des plantations ornementales et surtout, il faudra veiller à ce qu'il ne soit pas une simple décharge de déchets.

Les composteurs ou silos à compost

Ils peuvent contenir un volume plus modeste (la plupart autour de 250 à 300 litres), ce qui les destine davantage aux petits jardins (moins de 300 m² environ, jusqu'à 1 000 m² pour les gros composteurs).

Avantages

Leur aspect peut être jugé plus esthétique dans un jardin de ville, surtout s'ils sont en bois ou en plastique de couleur foncée.
Ils prennent peu de place et s'intègrent facilement dans un petit jardin. Le couvercle permet de protéger le compost du dessèchement comme des pluies abondantes.

Inconvénients

Leurs dimensions modestes ne permettent pas d'atteindre le volume critique nécessaire pour obtenir une température élevée au cours de la fermentation bactérienne. Elle ne dépasse guère les 40 °C, ce qui est insuffisant pour éliminer tous les germes pathogènes, les parasites et les graines d'herbes indésirables qui pourraient se trouver dans les déchets du jardin.
Elles ne permettent pas non plus d'absorber en une seule fois de grandes quantités de matériaux (tontes, feuilles mortes, tailles

Le compostage en tas est mieux adapté pour transformer de gros volumes de déchets, dans un grand jardin. À installer dans un endroit ombragé, à l'abri d'une haie.

de haies). Toutefois, les matériaux excédentaires peuvent trouver une autre valorisation dans le jardin (voir page 105).
Par ailleurs, dans un silo, il n'est pas aisé de mélanger les matériaux entre eux et d'aérer le compost, d'où la nécessité de les mélanger au fur et à mesure du chargement du silo.

Le compost en tas de A à Z

Répétons-le : un tas de compost n'est pas un tas de déchets abandonné au fond du jardin, encore moins un trou faisant plus office de « décharge » que d'aire de compostage. Laissés en vrac, les déchets s'accumulent sans se décomposer correctement. Les tontes de pelouse se tassent et dégagent des odeurs désagréables, les brindilles et les branchages restent secs, les déchets de la cuisine enlaidissent le tas, attirent les mouches et dégagent de mauvaises odeurs. Le résultat, c'est que la transformation du tas de déchets en compost est très lente (plus d'un an) et partielle, certains déchets étant décomposés alors que d'autres restent intacts.
Pour se transformer rapidement et complètement en compost, le tas de déchets doit faire l'objet d'attentions et d'interventions brèves et limitées, mais au bon moment.
Il n'y a pas de recette unique, plutôt des règles élémentaires qui laissent la place à une grande diversité de mise en œuvre. Il faut simplement veiller à ce que l'aération, l'humidité et le rapport carbone/azote soient favorables (voir pages 24 à 36). L'expérience vient vite et vous permettra rapidement de réussir un compost d'excellente qualité.

Première solution : le compostage optimal, en deux étapes

Au début, on accumule les déchets organiques du jardin et de la maison au fur et à mesure de leur production, et l'on constitue ainsi un tas de stockage provisoire, le temps d'entasser une quantité suffisante de déchets. Ces derniers seront ensuite repris et mélangés pour former le tas de compost définitif. Bien maîtrisée, cette technique permet un bon échauffement du tas et l'obtention rapide d'un excellent compost.

Première étape : accumulation des déchets sur le tas de stockage

Le tas de stockage doit se situer juste à côté de l'emplacement du futur tas de compost. Délimitez-le si possible par des planches ou des parpaings pour éviter qu'il ne s'étale. Déversez les déchets au fur et à mesure de leur production en les entassant correctement.

Quelques brèves interventions vous permettront d'être plus efficace et d'améliorer l'aspect esthétique du tas de stockage.

• Recouvrez les déchets de cuisine en les mélangeant avec des déchets déjà présents à l'aide d'une fourche. C'est plus esthétique et cela évite les odeurs, les mouches et les rats.

• Étalez les tontes de pelouse pour les faire sécher un peu et brassez-les de temps en temps pour éviter qu'elles ne s'agglutinent en paquets nauséabonds. Émiettez les amas de tontes déjà formés.

Le tas de compost ne doit pas devenir un tas de déchets inesthétiques entassés sans précautions dans un coin du jardin.

• Broyez les déchets ligneux et secs avant de les ajouter sur le tas de stockage : il sera impossible de le faire par la suite, car ils seront devenus trop durs.

• Arrosez les matériaux trop secs ou veillez à bien les mélanger avec des déchets verts très humides.

• Couvrez si possible – sommairement – le tas de stockage entre deux apports.

Le tas de stockage est un tas de précompostage. Les matières accumulées s'y humidifient et commencent déjà leur transformation en compost. Il est même possible que se produisent des montées de température importantes, notamment après l'apport d'une bonne quantité de tontes de pelouse.

Si votre jardin est suffisamment grand, vous disposerez rapidement d'un volume suffisant – environ 1 m^3 de déchets accumulés – pour réaliser le tas de compost définitif.

Bien entendu, si vous disposez à un moment de l'année d'un apport massif de matériaux dont le rapport carbone/azote est bien équilibré (fumier, broyat de tailles d'arbustes au printemps...), vous pourrez réaliser immédiatement le tas de compost définitif.

En attendant d'avoir un volume suffisant, les déchets sont amassés dans un tas provisoire. Chaque nouvel apport doit être mélangé aux précédents afin d'accélérer la décomposition et de garder un aspect acceptable.

Seconde étape : montage du tas de compost définitif

La largeur du tas définitif ne devra pas excéder 1,5 mètre à la base environ pour une hauteur équivalente, de manière à ce que l'air pénètre bien jusqu'au centre. La longueur du tas dépendra de la quantité de déchets disponibles. Donnez-lui une forme de trapèze.

Aérez la base du tas

Commencez par étaler une couche de quelques centimètres d'épaisseur de matériaux fibreux et grossiers à la surface du sol, par exemple du broyat de branches, de tiges de fleurs sèches, de framboisiers, de haricots, de ronces... Cette couche très perméable permettra l'aération de la base du tas. En recevant tous les jus de fermentation du compost, elle se décomposera comme le reste. Vous pouvez éventuellement installer un tuyau de drainage (tuyau de plastique annelé et perforé) à la base du tas, en particulier si les déchets à composter sont majoritairement mous, humides et assez riches en azote.

FIG. 3

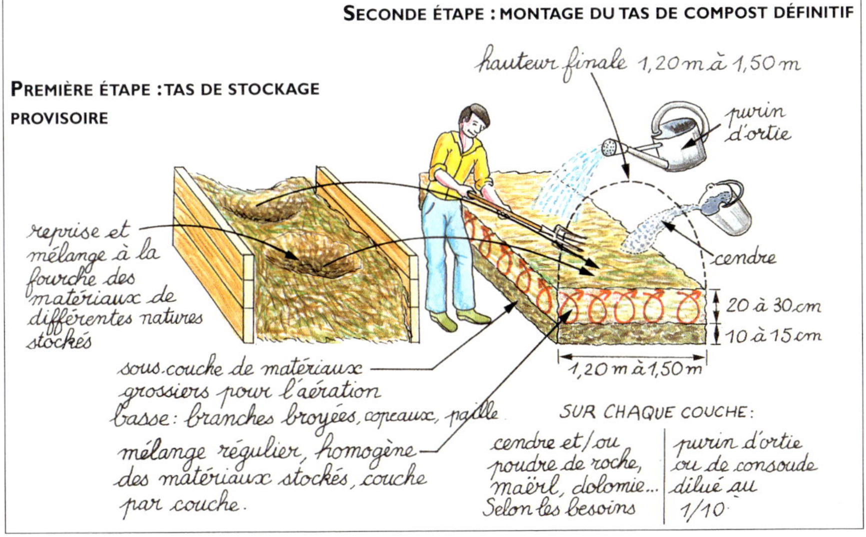

Montez le tas par couches de 20 cm

Les déchets accumulés sur le tas de stockage sont repris à la fourche pour réaliser le tas définitif. Procédez par couches successives de 20 cm environ de hauteur. En reprenant les déchets stockés, veillez à les aérer et à les décompacter.
Évitez de marcher sur le tas afin de ne pas le tasser et de maintenir une bonne aération.

Mélangez bien les matériaux

Lors du montage de chaque couche, veillez à bien mélanger les déchets de nature différente : les matériaux riches en azote (tontes en cours de fermentation, déchets de la cuisine, déchets verts du potager...) et les matériaux riches en carbone (brindilles, tailles de haies broyées, feuilles mortes stockées au cours de l'automne...). Le mélange et le brassage permettent aussi de bien ensemencer le compost en micro-organismes décomposeurs.

Ajoutez les éléments minéraux et les ferments

Sur chaque couche de 20 cm d'épaisseur, saupoudrez quelques poignées de cendre de bois ou d'un amendement calcaire (dolomie, maërl, mais pas de chaux) et si nécessaire, d'un engrais phosphaté naturel (voir page 46). Vous pourrez ajouter du purin d'ortie ou de consoude dilué au 1/10 (1 litre de purin pour 10 litres d'eau), en guise d'activateur bactérien et azoté.

Mouillez sans excès

Arrosez régulièrement chaque couche, si nécessaire : beaucoup si les matières vous semblent sèches, peu, voire pas du tout, dans le cas contraire.
Il faut compter 10 litres d'eau (environ un arrosoir) pour une couche de 1 m^2. Arrêtez l'arrosage dès que l'eau suinte sur les bords du tas ou ruisselle sur la terre.
Montez ainsi le tas peu à peu, par couches successives, toujours en mélangeant régulièrement les matériaux, jusqu'à la hauteur souhaitée et épuisement du tas de stockage.

Montage du tas par couches de 20 cm, en mélangeant et en aérant bien les déchets stockés

Saupoudrage d'éléments minéraux sur chaque couche, comme cet amendement calcaire (dolomie).

Arrosage si les déchets sont plutôt secs (feuilles mortes, tiges de fleurs sèches...).

Le tas fini et couvert de paille ou d'un autre matériau protecteur et poreux.

Couvrez et laissez reposer

Une fois le tas fini, couvrez-le pour :

– le protéger du dessèchement autant que des excès de pluie ;

– confiner la chaleur et favoriser la montée de température ;

– éviter le lessivage par la pluie, qui fait perdre un tiers de l'azote, du phosphore et de la potasse ;

– maintenir de bonnes conditions de vie pour les bactéries et les vers rouges, à l'abri de la lumière et du dessèchement ;

– éviter la contamination du compost par des graines extérieures apportées par le vent.

Vous pouvez couvrir avec de la paille, des feuilles de fougères, du foin non en graine, des tontes de pelouse bien sèches. Une couche de 1 cm est bien suffisante. Ces paillis sont esthétiques et perméables à l'air. Mouillez-les après leur pose pour qu'ils adhèrent à la surface du compost.

Vous pouvez aussi couvrir le tas avec une bâche plastique poreuse (bidim, voile de paillage, plastique en polypropylène non tissé, etc.). Si vous ne disposez que d'une bâche imperméable, couvrez seulement la partie supérieure du tas de manière à ne pas interrompre l'aération et l'oxygénation du compost.

Au bout de quelques jours, si le tas est bien fait et que la phase de stockage préalable n'a pas été trop longue, vous constaterez une montée rapide de température pouvant aller jusqu'à 70 °C. Elle se maintiendra pendant quelques jours avant de redescendre lentement.

Retournez le tas

Si vous avez le temps et la place de le faire, il est utile de retourner le tas au moment où la température commence juste à baisser, en général 2 à 4 semaines après sa formation. Cela permet de mélanger à nouveau les matières, d'aérer, de relancer la fermentation chaude et ainsi de bien détruire, s'il y en avait, les germes de maladies des plantes et les graines des herbes indésirables. Au cours de ce retournement, veillez à ce que la partie superficielle du tas se retrouve ensuite au centre. La fermentation reprend alors avec une nouvelle montée en température, moins spectaculaire toutefois (voir page 39).

Le retournement du tas est indispensable lorsqu'il se tasse excessivement, afin de le décompacter et de l'aérer.

Profitez du retournement pour laisser sécher le compost s'il vous semble trop mouillé, ou au contraire l'arroser s'il est trop sec. Il ne faudra plus le mouiller par la suite, surtout dans la phase de mûrissement du compost. En effet, une certaine dessiccation venant après la phase d'humectation permet d'obtenir un compost plus friable et plus facile à manipuler.

Le compost sera prêt au bout de 3 à 6 mois.

Évitez :

– de superposer des couches de nature différente : par exemple une couche de tonte de pelouse, une couche de feuilles, une couche de broyat de branches... Certaines couches se transformeraient vite en compost alors que d'autres resteraient sèches et peu humidifiées, ce qui vous obligerait à tamiser le compost avant de l'utiliser ;
– d'arroser si les matières sont déjà humides ;
– de disposer des branchages à la base du tas, comme cela est parfois recommandé pour maintenir l'aération du compost. C'est rarement utile et toujours contraignant. Cela vous obligerait ensuite à tamiser le compost pour éliminer les débris de branches non transformés.

Le jardin d'ornement procure beaucoup de déchets : tontes de pelouse, fleurs fanées, feuilles et tiges mortes, mousses et herbes indésirables. Tout peut être composté.

Seconde solution : le compost en tas progressif

Le tas de compost peut aussi être constitué progressivement au fur et à mesure des apports. C'est ce qui se passe souvent dans les petits jardins où les déchets à composter ne sont jamais très abondants. Mais ce n'est pas pour autant un amoncellement de déchets entassés négligemment. Par rapport au compostage en deux étapes, la température est moins bien maîtrisée et atteint rarement des valeurs importantes.

Cette méthode est plus facile et plus simple, elle nécessite moins de travail mais, en réalité, elle demande un peu plus d'attention.

La technique de montage du tas est assez voisine de celle de la solution précédente. S'y ajoutent quelques règles particulières.

Mélanger, brasser, aérer

Lors de la constitution du tas, il faut veiller tout particulièrement à mélanger chaque nouvel apport avec la couche du dessous et au-delà si possible. C'est la condition essentielle pour obtenir un compost correct et homogène. Une fourche doit toujours être à portée de main. Pour équilibrer la proportion entre éléments carbonés et azotés, veillez à apporter des déchets de nature différente, par exemple des tontes de pelouse et des broyats de tailles d'arbustes, au fur et à mesure de la formation du tas. Les déchets de cuisine devront être bien incorporés aux apports précédents. Le brassage régulier permettra aussi d'aérer le tas, de décompacter les amas et de disséminer les microbes décomposeurs dans l'ensemble du compost en formation.

De temps en temps, saupoudrez le tas, si nécessaire, avec des amendements calcaires, de la cendre de bois et des engrais phosphatés.

Les tontes de pelouse volumineuses devront d'abord être étalées sur le tas pendant quelques jours, ou bien en andain (en tas allongé de faible hauteur) à côté, de manière à leur faire perdre une partie de leur humidité.Veillez à ce qu'elles ne forment pas des amas tassés ; intervenez à temps pour les aérer et les brasser. Mélangez-les au tas de compost 2 jours plus tard.

Deux minutes suffisent pour aérer les tontes de pelouse et éviter qu'elles ne forment des amas compacts !

Si vous disposez de volumes importants de feuilles mortes ou de tailles de haies broyées, entassez-les en bordure du tas, de manière à pouvoir les mélanger progressivement avec d'autres déchets de nature complémentaire. Toutefois, si ces volumes restent modestes, ils peuvent être incorporés directement au tas de compost.

Les matériaux secs gagneront à être humidifiés, de préférence avec du purin d'ortie.

Veillez à ne pas introduire des plantes trop malades et des plantes à graines car l'augmentation de la température est moindre que dans un tas volumineux réalisé rapidement. Une autre solution consiste à enfouir ces plantes dans le centre du tas pour qu'elles chauffent un peu : creusez un trou à la fourche dans le tas, jetez les plantes et rebouchez.

Pensez à couvrir le tas pendant les mois d'été lors des fortes chaleurs pour éviter la dessiccation, et en hiver lors des fortes pluies.

Lorsque le tas atteint sa taille définitive, couvrez-le et n'y touchez plus, le temps que le compost finisse de mûrir. Il sera ensuite plus facile de le prélever sans être gêné par des apports récents non décomposés. Pendant ce temps, commencez un nouveau tas à côté.

Retournez le tas progressif

Lorsque le tas atteint un volume important (au jugé), il est utile de le retourner pour aérer les parties tassées et mélanger à nouveau les matières du compost. Cela permet aussi d'arroser le tas ou au contraire de le faire sécher un peu. Le retournement relance la fermentation et peut permettre une montée en température. Il vous fera gagner plusieurs semaines de compostage.

Le tas progressif peut être rond, carré, rectangulaire, en dôme, en trapèze... qu'importe, pourvu que les déchets frais soient toujours mélangés avec des apports plus anciens et que le tas soit remué régulièrement.

Quand le compost en tas est-il mûr ?

Il y a plusieurs degrés de maturité, que divers indices empiriques vous permettent de repérer. Pris isolément, aucun n'est suffisant. C'est sur un ensemble d'indices que l'appréciation de l'état de maturité doit s'appuyer :

– la baisse de la température et sa stabilisation aux alentours de la température ambiante ;
– l'état des déchets d'origine ;
– le développement des vers rouges du fumier après quelques semaines de compostage.

Compost jeune ou demi-mûr

Lorsque le compost en formation a chauffé, les vers rouges commencent à s'installer peu après la baisse de température. Si le tas de compost reste froid, ils s'installent rapidement au bout de quelques jours de fermentation. Dans les deux cas, tant qu'il reste possible de reconnaître certains matériaux d'origine encore peu décomposés, le compost n'est pas encore prêt à l'emploi.

Au bout de quelques semaines, les vers ont envahi tout le substrat. La température s'est stabilisée au même niveau que l'air ambiant et on ne reconnaît plus les déchets d'origine. À ce stade, le compost commence à être demi-mûr. Malgré son état souvent humide et collant, il est déjà possible de l'utiliser, mais avec certaines précautions (voir Du bon usage du compost page 83).

Compost mûr

Au bout de quelques mois de compostage (6 mois, si tout se passe bien, plus dans le cas contraire, moins si le compostage est très bien contrôlé), le nombre de vers rouges régresse nettement. Le compost sèche un peu et prend une couleur sombre et une faible odeur agréable. Sa structure devient friable. Il commence à être mûr pour de nombreux usages. Plus il sera mûr, moins il y aura de vers rouges du fumier et plus friable sera sa structure.

Il arrive parfois que des gros lombrics du sol s'installent dans le compost mûr.

Perte de volume mais concentration en éléments minéraux

Au cours du compostage, le volume initial des déchets diminue des deux tiers environ, par tassement et surtout par perte gazeuse. Plus le compost mûrit et vieillit, moins il y en a, mais plus il est concentré en éléments minéraux.

Comment récupérer le compost d'un tas ?

Pour prélever du compost mûr ou demi-mûr au fur et à mesure des besoins, commencez par enlever la couche superficielle sur une partie du tas de compost et étalez-la sur le reste du tas. Cette couche est toujours un peu moins décomposée et plus sèche. Prélevez du compost puis remettez la couche superficielle en place pour protéger le tas du dessèchement. Si le compost est humide et tassé, profitez-en pour le remuer un peu, le décompacter et le faire sécher.
Pour prélever l'ensemble du compost en une seule fois, enlevez d'abord la partie superficielle et stockez-la à part, sur un nouveau tas en préparation ou sur une bâche plastique.

Le compost en silo de A à Z

Le compostage dans un silo à compost, appelé aussi composteur, se réalise au fur et à mesure de la production des déchets organiques. Il s'apparente au compostage en tas progressif (voir page 54), mais en diffère par le fait que le volume est moins important et que la gestion des gros apports de déchets s'en trouve compliquée.
Le composteur doit être posé à même la terre, avec ou sans fond. Contrairement au tas, il peut être installé dans un endroit exposé au soleil une partie de la journée (davantage au soleil dans les régions froides, plus à l'ombre dans les régions chaudes et ensoleillées).

Mélangez les déchets au fur et à mesure

C'est le facteur principal de la réussite. Dans un silo, les déchets organiques sont déversés au fur et à mesure et il n'est pas possible de retourner le compost pour le mélanger, l'aérer et relancer

Il ne suffit pas de déverser les déchets dans un silo pour qu'ils se transforment en compost.

LE MÉLANGE : SECRET DE LA RÉUSSITE
Remuez, mélangez après chaque apport de déchets et aérez régulièrement. Variez la nature des déchets pour obtenir un bon équilibre carbone-azote.

la fermentation. Le gabarit étroit et profond des silos et des bacs de compostage ne permet pas non plus de mélanger de grosses quantités à la fois, ni de brasser l'ensemble du contenu du composteur lorsqu'il est rempli.

Si vous vous contentez d'empiler les déchets au fur et à mesure de leur production, par exemple une couche de déchets secs, une couche de déchets verts, et ainsi de suite sans les mélanger, leur décomposition sera très inégale. Les micro-organismes décomposeurs sont incapables de monter et de descendre dans telle ou telle couche pour y prélever les éléments nécessaires à leur croissance et à leur activité. Vous obtiendrez une sorte de « mille-feuilles », dans lequel la « crème » sera constituée des déchets verts aqueux et le « biscuité » des déchets ligneux et secs. De même, si

des déchets secs s'accumulent dans les angles ou en périphérie du composteur, ils se décomposeront peu, tandis que les déchets situés au centre se transformeront rapidement en compost.
Dans ces conditions, il sera difficile de prélever et d'utiliser le compost, son état de maturité étant très inégal.

Faute de mélange suffisant, les parties plus ligneuses et plus sèches, se sont transformées moins vite que les déchets plus humides et plus riches en azote situés dans la partie haute de ce silo.

Ici, les déchets sont mélangés lors de chaque apport avec le précédent. Ils s'imprègnent de micro-organismes et se décomposent très vite. D'où une transition nette entre les tout derniers apports, peu décomposés, et les apports plus anciens déjà bien transformés en compost.

Comment remplir un composteur et y mélanger les déchets ?

Commencez par déposer dans le fond une couche de 10 cm constituée de matériaux grossiers et ligneux, comme des branches ou des feuilles mortes broyées, de la paille, afin d'absorber les jus de compostage et de favoriser l'aération de la base du compost. Cette précaution est surtout utile pour les composteurs qui ne possèdent pas de fond, où l'aération risque d'être insuffisante.
Chargez le composteur au fur et à mesure des apports de matériaux disponibles. Lorsque la hauteur des déchets atteint environ 30 cm, commencez à les mélanger avec une fourche. Pour obtenir un mélange intime et régulier, remuez les déchets du haut vers le bas et du bord vers le centre du composteur, sans négliger les angles.

Un peu de « ferments »

Si vous chargez le composteur pour la première fois, il est utile d'ajouter quelques poignées de terre du jardin, de terreau de forêt ou de vieux compost, de manière à ensemencer votre nouveau compost avec des micro-organismes et des animaux décomposeurs.

Mélangez avant et/ou après chaque apport

Poursuivez le chargement du compost en variant autant que possible la nature des matériaux : secs et humides, jaunes et verts, de manière à équilibrer les matières riches en azote et humides avec des matières riches en carbone et plus sèches (voir page 35).
Lors de chaque apport, il est indispensable de mélanger les nouveaux déchets organiques avec la couche précédente située juste en dessous. Ayez toujours une fourche à portée de main. Il est inutile, et de toute façon impossible, de mélanger les déchets sur toute la hauteur du composteur. Le brassage sur une profondeur équivalant à une hauteur de fourche suffit, dès lors qu'il est réalisé régulièrement. Veillez à enfouir les déchets carnés de la cuisine.

Grâce au mélange, les déchets frais sont ensemencés en micro-organismes au contact des déchets en cours de fermentation. Leur dégradation commence plus rapidement : dans l'ambiance moite et obscure du composteur, les moisissures, les bactéries et les vers rouges envahissent rapidement les déchets les plus fermentescibles et dégradent les parties les plus molles. Cela évite l'apparition d'odeurs désagréables.

Une minute de mélange lors de chaque apport, c'est plusieurs semaines à plusieurs mois de gagnés dans le processus de compostage. Et le compost obtenu sera de bien meilleure qualité.

Vous observerez aisément que la décomposition sera de plus en plus rapide entre deux apports, surtout si vous introduisez régulièrement des déchets de cuisine. Ces derniers deviennent très vite méconnaissables, même les déchets réputés lents à se dégrader comme les peaux d'agrumes. Les vers rouges du fumier s'installent et prolifèrent rapidement car la température à l'intérieur du silo n'est jamais élevée. Votre compost peut même être qualifié de « lombricompost ».

Il est possible d'accélérer encore la décomposition des déchets en mélangeant le contenu du composteur en deux temps : une première fois avant de déverser les déchets, pour aérer et brasser les couches précédentes sur une hauteur de fourche, puis une seconde fois après les avoir déversés.

Lorsque le composteur est presque plein, il devient difficile de mélanger les déchets sans en répandre à côté. Il est préférable

Une fourche suffit pour mélanger les déchets lors de chaque apport avec la couche précédente. Simple et tellement efficace !

Lorsque le processus de compostage est bien enclenché, le silo à compost est une « chaudière biologique » (froide) qui transforme rapidement les déchets fermentescibles. Il est même possible d'y introduire des petits animaux morts (oiseaux, rongeurs, jeunes volailles...) qui seront très vite décomposés sans odeurs.

d'attendre un peu qu'ils se soient tassés pour les mélanger avant un nouvel apport.

Du « sel » et du « poivre », un peu d'eau

Lorsque vous introduisez une quantité importante de déchets secs, arrosez-les un peu, avec de l'eau ou avec du purin d'ortie dilué au 1/10 (1 litre de purin pour 10 litres d'eau).
Si nécessaire, saupoudrez les déchets de temps à autre (approximativement tous les 20 à 30 cm de hauteur) alternativement avec un amendement calcaire(le « sel »), de la cendre de bois (le « poivre ») et un engrais phosphaté : une grosse poignée tout au plus (au maximum 1 kg de chaque pour un composteur de 300 litres).

Attention aux plantes montées en graine ou malades

Étant donné la faible montée en température, évitez d'enfourner dans le composteur des plantes en graine : herbes indésirables, tomates mûres, graines de citrouilles mûres... Par précaution, évitez d'introduire des plantes trop malades.

Que faire des gros volumes de tontes ou de feuilles ?

Faites sécher un jour ou deux les tontes de gazon avant de les introduire dans le composteur. Cela permet de réduire leur volume et d'éviter le tassement de l'herbe par excès d'humidité. Vous pouvez aussi utiliser l'herbe séchée comme paillis au pied des plantes du jardin (voir page 114).
En automne, les feuilles mortes peuvent être stockées dans un tas, en attendant d'être mélangées aux tontes de pelouse au printemps suivant, ou aux déchets de la cuisine. Elles y subiront une sorte de précompostage, de fragmentation. Elles peuvent aussi être utilisées comme paillis au pied des arbres et des arbustes (voir page 107).
Il est utile d'installer un bac de stockage des feuilles mortes à côté du composteur. Vous pouvez faire de même pour stocker les végétaux broyés en grande quantité, du fumier pailleux, ou tout autre déchet riche en carbone, en attendant de les mélanger à des déchets azotés et humides.

Septembre : apport de fleurs sèches broyées et mélange.

Octobre : apport de déchets de cuisine et mélange.

Mars suivant : compost de 7 mois mûr, homogène, parfaitement décomposé.

Quand le compost est-il mûr ?

Après 4 à 6 mois de séjour dans le composteur, voire moins si le mélange est optimal, le compost prend une couleur noire et une structure dense, homogène. S'il est bien humide, il brille un peu. Les vers rouges sont encore présents dans la partie haute du composteur mais ils deviennent rares plus bas.

Il est fréquent d'observer une rupture brutale entre les apports les plus récents, pas encore décomposés mais déjà grouillants de

vers, et la partie un peu plus ancienne déjà transformée en compost.
Lorsque le compost prend cette couleur noire et que les vers s'en détournent, vous pouvez commencer à le prélever pour les besoins du jardin.

Quelle quantité de compost produit un silo ?

Au cours du compostage, le volume des déchets diminue environ des deux tiers. Ainsi un composteur de 250 litres plein donnera de 80 à 120 kg de compost mûr.

Comment retirer le compost d'un silo ?

Alors que dans un tas il est très facile de prélever le compost au fur et à mesure des besoins, cela devient laborieux dans un silo. La trappe située en bas est souvent trop petite et le compost tassé est difficile à extraire. Il vaut mieux retirer le silo comme si vous démouliez le compost. Mais c'est une manipulation assez éreintante. Si vous possédez un composteur démontable, le plus simple est d'enlever une de ses parois pour accéder à l'ensemble du compost. Pour le prélever, commencez par retirer la fraction supérieure, peu décomposée. Entreposez-la dans un récipient ou sur une bâche. Prélevez ensuite le compost mûr situé au-dessous. S'il vous semble trop humide, laissez-le sécher quelque temps sur une bâche ou, mieux encore, versez-le dans un bac de stockage disposé à côté, par exemple un second silo. Il pourra alors poursuivre sa maturation, sécher et attendre d'être utilisé au gré des besoins.
Mettez de côté les parties qui s'avéreraient encore peu décomposées, faute d'un mélange suffisant. Vous les reverserez dans le composteur vide avec la fraction supérieure. Ne lavez pas l'intérieur du composteur, débouchez seulement les trous d'aération des parois et du fond.

Quel composteur choisir ?

Avant d'acheter un composteur, renseignez-vous auprès de votre mairie car certaines collectivités locales en distribuent à des prix très attractifs dans le cadre d'opérations destinées à réduire le volume des déchets collectés. Sinon, il existe dans le commerce de nombreux modèles, de qualité inégale. Quelques critères vous permettront de choisir le mieux adapté à vos besoins.

En bois ou en plastique ? C'est une question de goût personnel et de prix. Les silos en plastique sont moins chers et moins lourds. Une couleur foncée s'intègre mieux qu'une couleur vive, même verte. Elle capte la chaleur solaire et améliore le déroulement du compostage en hiver.

Le composteur doit présenter une ouverture la plus large possible pour faciliter le chargement et le mélange des déchets avec une fourche.

Pour éviter le dessèchement, un couvercle est indispensable, muni de fixations pour éviter qu'il ne s'envole, et d'une poignée pour l'enlever facilement. À défaut, vous pouvez fixer vous-même une poignée au centre du couvercle. Celui de certains modèles se replie, mais cela ne présente aucun intérêt car il faut le retirer totalement pour mélanger le compost lors de chaque apport.

Pour prélever le compost prêt dans le composteur, commencez par enlever la couche du dessus non décomposée. Elle sera remise dans le composteur vidé, ou dans un autre silo, pour ensemencer la « fournée » suivante.

Choisissez un composteur facilement démontable pour prélever le compost mûr sans difficulté. Les composteurs cylindriques ne le permettent pas et, de ce fait, s'avèrent peu pratiques.

Les parois des modèles carrés sont assemblées de différentes manières. Les assemblages par boulons pourront être démontés facilement si vous veillez, lors du montage, à visser les boulons à l'envers, le filetage tourné vers l'extérieur, avec un écrou papillon démontable. D'autres modèles sont assemblés à l'aide de cales intérieures. Elles pourront être retirées facilement lorsque le silo est plein si vous prenez soin de les attacher avec une ficelle.

Certains modèles sont assemblés avec des tiges métalliques enfilées à la charnière de deux parois, d'autres avec des cales externes. Leur démontage est aisé et rapide.

Les parois doivent comporter de nombreux trous de ventilation. Toutefois, les lattes de certains modèles en bois sont trop ajourées, ce qui provoque le dessèchement du compost.

Plusieurs modèles possèdent un fond, dont l'utilité est discutable car il est préférable que les déchets à composter soient au contact de la terre. Il peut toutefois contribuer à l'aération de la base du composteur.

Bac de compostage en bois autoconstruit (voir annexe 3 page 138).

Les composteurs en grillage métallique avec parois en plastique souple sont peu pratiques. Il est impossible de mélanger les déchets avec une fourche et le compost s'y dessèche très facilement. De plus, leur aspect esthétique laisse à désirer.
Les composteurs standard du commerce ont un volume de l'ordre de 250 à 300 litres. C'est suffisant pour la plupart des petits jardins de ville. Quelques fabricants proposent des volumes plus importants. Attention aux composteurs trop hauts et trop étroits qui rendent difficile le mélange des déchets.

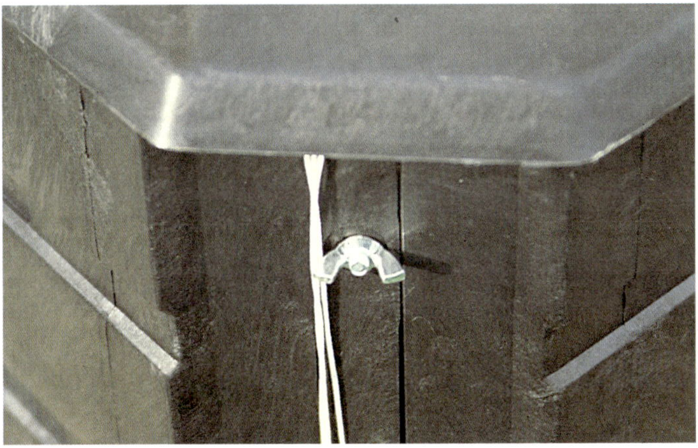

Assemblez les parois du silo de manière à pouvoir le démonter lorsqu'il est plein afin de prélever plus facilement le compost mûr. Boulons tournés vers l'extérieur avec écrou papillon.

Cale de montage sur certains composteurs, à munir d'une ficelle pour la déboîter et retirer l'une des parois.

Vous pouvez aussi réaliser vous-même un ou plusieurs bacs de compostage à l'aide de lattes de bois (voir annexe 3 page 138). Ne les espacez pas trop pour conserver l'humidité du compost et prévoyez un couvercle. Plus sensibles au dessèchement, ces bacs doivent être installés à l'abri du soleil.

Combien de composteurs faut-il ?

Un seul composteur suffit en principe pour un jardin moyen de moins de 300 m².
Son volume doit être suffisant pour accepter la production de 4 à 5 mois de déchets. Au bout de 6 mois, lorsque le compost est bien décomposé, il est nécessaire de le vider pour faire la place à de nouveaux apports.
Le compost peut être alors utilisé directement ou bien stocké, dans des sacs ou dans un bac.
Il est toutefois plus aisé de s'organiser avec deux composteurs utilisés alternativement. Le second est utilisé lorsque le premier est plein, le temps que le compost finisse de mûrir et soit utilisé.
Il est aussi possible de transvaser le contenu du premier dans le second, ce qui présente l'avantage de mélanger à nouveau le compost, de l'aérer et d'accélérer son mûrissement ou, dans certains cas, de relancer une fermentation arrêtée.

Les problèmes et leurs remèdes

Un compost réussi est de couleur sombre, il est homogène, ni trop humide ni trop sec, il a une odeur agréable. Il est un peu tassé mais s'effrite et s'émiette facilement. Mais si vous faites votre premier compost, il est possible qu'il sente mauvais, qu'il soit sec ou très fibreux, ou au contraire reste très humide et visqueux. Ce n'est pas une catastrophe. Identifiez le problème, les solutions seront ensuite faciles à appliquer.

Le compost est trop humide

Le tas suinte ou prend une consistance gluante et peut sentir mauvais. Cela est fréquent si vous compostez essentiellement des déchets de cuisine et des tontes de pelouse. Dans ce cas, découvrez le tas ou le silo lors des périodes ensoleillées. Si cela ne suffit pas, retournez le tas ou sortez tout le contenu du silo et laissez sécher le compost sur une bâche.

Pour éviter que cela ne se reproduise, veillez à introduire régulièrement des matières plus sèches (paille, tiges sèches broyées, feuilles mortes non tassées, sciure...) ou des matériaux grossiers permettant l'aération du compost.

Le compost dégage des odeurs nauséabondes

Les mauvaises odeurs traduisent une mauvaise décomposition des déchets ou proviennent des déchets eux-mêmes. Dans ce dernier cas, leur compostage les fera disparaître rapidement.

Dans un tas, les déchets en cours de compostage ne sentent pas mauvais lorsque leur décomposition se réalise dans de bonnes conditions d'aération et d'humidité. Dans un silo, l'odeur n'est pas toujours très agréable, sans être nauséabonde, surtout si vous y versez beaucoup de déchets de cuisine. Elle est un peu aigrelette mais cela disparaît vite lorsque le compost mûrit.

Si les déchets en cours de compostage sont trop humides ou trop tassés, n'hésitez pas à les sortir du silo ou à retourner le tas de compost pour les aérer et les laisser sécher un peu.

Si l'odeur du compost rappelle celle de la vase, c'est le signe que la décomposition des déchets se fait en l'absence d'air. Cela est fréquent lorsque le substrat est trop humide, par exemple lorsqu'on introduit beaucoup de déchets aqueux, ou lorsqu'il est trop tassé. Dans ce cas, sortez le compost, décompactez-le et laissez-le sécher avant de recharger le composteur. La solution préventive consiste à varier la nature des déchets, à introduire des matériaux plus grossiers et à les mélanger régulièrement.
Une odeur d'ammoniac traduit un excès d'azote. Un excès de déchets carnés dégage des odeurs putrides.

Le tas contient des amas compacts, de couleur grise et malodorants

Le centre du tas ou du silo s'est tassé et l'air n'y pénètre plus. Une fermentation lente, putride, anaérobie s'est installée dans cette partie du compost. Retournez le compost ou sortez-le du silo, aérez-le et décompactez-le.

Il y a de nombreux moucherons

Les moucherons sont des insectes décomposeurs de la matière organique. Leurs larves, des asticots, vivent dans le compost et se nourrissent de préférence des matières azotées. Les déchets de cuisine carnés favorisent certains types de moucherons.
La présence de moucherons est plutôt un bon signe mais elle est désagréable au moment de l'ouverture du silo ; attendez qu'ils se dispersent avant de déverser les déchets. Prenez soin de bien mélanger le contenu de la poubelle à compost de la cuisine avec le compost en formation. Aérez, brassez le compost afin d'activer l'activité des bactéries.

Le compost renferme de nombreux filaments blanchâtres

Il s'agit du mycélium des champignons naturellement présents au cours du compostage. Ils s'installent massivement lorsque le substrat est trop sec et/ou trop pauvre en azote, les deux étant souvent liés. Dans ce cas, retournez le tas de compost ou videz le silo. Recomposez-le et arrosez chaque couche copieusement. Introduisez des déchets aqueux et riches en azote (tontes de pelouse et autres).

Des rongeurs se sont installés

Les petits animaux s'installent rarement dans un compost bien constitué et homogène. Leur présence peut être le signe d'un substrat trop pailleux ou trop sec, ou présentant des zones hétérogènes plus sèches au sein d'un ensemble chaud : c'est une situation idéale pour y nicher.
Les campagnols et les loirs sont des rongeurs à éviter. Les musaraignes, caractéristiques avec leur museau très allongé, peuvent être tolérées car ce sont des insectivores prédateurs qui se nourrissent d'insectes et de mollusques.

Il y a des fourmis ou des cloportes dans le compost

Leur présence en grand nombre n'est pas vraiment gênante, mais elle indique que le compost est assez sec et qu'il se décompose lentement. Les fourmis y trouvent de bonnes conditions pour fonder une fourmilière et les cloportes sont parmi les seuls organismes animaux à pouvoir poursuivre la fragmentation des déchets végétaux en milieu sec. Une seule solution : reformer le tas et bien l'arroser couche par couche.

Composter le fumier

Le fumier est en général un mélange de déjections animales et de paille. Il est plus au moins pailleux, plus ou moins sec. Les déjections contiennent beaucoup d'éléments végétaux transformés par la digestion animale, et ensemencés de micro-organismes.
Au jardin comme au champ, il est souhaitable de composter le fumier avant de l'épandre sur la terre. Cela lui permet de mûrir

suffisamment et l'on évite les problèmes liés à l'enfouissement de matières organiques trop fraîches (voir page XX). Le fumier très pailleux peut aussi être utilisé pour pailler les rosiers ou les arbustes à petits fruits comme le cassis.

L'intérêt du fumier

Le fumier est un fertilisant organique bien équilibré qui convient à la plupart des besoins du jardin d'ornement et du potager.
Les déjections apportent de l'azote et de nombreux éléments minéraux, en quantité variable selon l'espèce animale (voir tableau page suivante). Le fumier de volaille est très riche en azote et en magnésium, et, contrairement aux autres fumiers, en calcium et en phosphore.
La paille apporte des matières fibreuses carbonées qui produiront l'essentiel de l'humus issu de la transformation du fumier. Le fumier pailleux composté peut produire beaucoup d'humus : de 30 à 50 % de son poids de matière sèche.

Le compost de déchets verts (issu essentiellement de tontes de pelouse, de feuilles mortes et de tailles de haies) contient de 1,5 à 2 fois plus de matières organiques et d'azote, autant de phosphore et de magnésium, plus de potasse et 10 fois plus de calcium que le fumier de bovin. Le compost « maison » incluant les déchets de cuisine est souvent un peu plus riche que le compost de déchets verts.

Comment composter le fumier ?

Le fumier pailleux peut être composté seul mais il est préférable – surtout le fumier de cheval et de mouton – de le mélanger aux différents déchets du jardin et de la cuisine.
• S'il est trop pailleux et trop sec, mouillez-le abondamment lors de la constitution du tas (environ 50 litres pour 100 kg de fumier pailleux). Veillez à briser les amas compacts et à émietter le fumier autant que possible. Évitez la formation de poches

Composition moyenne de différents composts et fumiers

	Compost de déchets verts	Compost algo-forestier[1]	Compost de fumier (volaille et cheval) et d'algues	Fumier de bovin	Fumier de mouton	Déjections de lapins	Fumier de cheval	Fumier de volaille
Matière sèche (en %)	61	50 à 70	62	35	20	26	29	33
Matière organique (en % de la matière sèche)	34	24 à 30	28	15 à 18	31	28	25	
Rapport carbone/azote	15	10 à 15	10	15 à 18				
pH	8,2	6,5 à 7,5		7 à 8	8,5	8,5		7,1
Azote total (en % de la matière fraîche)	0,85	0,75 à 1	1,2	0,4 à 0,5	0,82	0,85	0,67	3
Phosphore total (en % de la matière fraîche)	0,37	1 à 1,5	1,3	0,3 à 0,5	0,21	1,35	0,23	2,9
Potassium total (en % de la matière fraîche)	0,84	0,75 à 1	1,3	0,5 à 0,7	0,84	0,75	0,72	0,87
Calcium total (en % de la matière fraîche)	5,2	5 à 9	3	0,4 à 0,5	0,33	2,15	0,25	5
Magnésium total (en % de la matière fraîche)	0,33	0,5 à 0,7	0,5	0,1 à 0,3		0,34		0,5

1. Fabriqué à partir d'algues et de déchets forestiers.

d'air. Couvrez le tas pour éviter qu'il ne sèche. Le compost obtenu sera prêt à l'emploi au bout de quelques mois.

• Un fumier trop compact aura tendance à se tasser et s'échauffera peu au cours de la fermentation. Ajoutez-lui de la paille, des branches ou des feuilles mortes broyées.

• Si le fumier contient peu de paille et beaucoup de déjections animales riches en azote (fumier de lapins, de poules, de poulets, de pigeons), il faut le mélanger à des matériaux riches en carbone (paille, feuilles mortes, sciure de bois, tiges sèches de fleurs, de fougères) et le mouiller abondamment. Utilisées en quantité modérée, les déjections animales quasi pures, comme les fientes de volaille, constituent un excellent activateur et engrais pour le compost.

FIG. 4 – ÉVOLUTION ET UTILISATION DU COMPOST

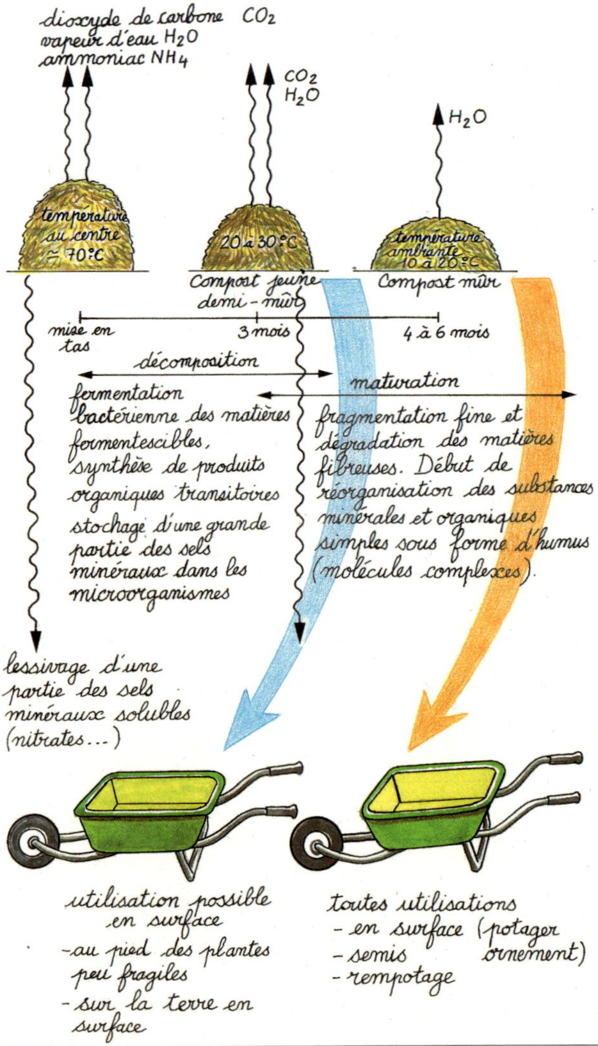

Du bon usage du compost

Si vous avez pris soin de fabriquer votre compost avec des déchets et des matériaux diversifiés, ce sera un engrais organique bien équilibré qui répondra à la plupart des besoins du jardin d'ornement et du potager.

Il conviendra même aux cultures les plus exigeantes comme les cultures potagères, fruitières et les rosiers, en particulier si vous avez ajouté des éléments fertilisants complémentaires : calcium, magnésium, phosphore (voir page 45).

L'effet bénéfique de l'apport de compost se fait sentir rapidement et, si les apports sont réguliers, il s'amplifie d'année en année, même avec des apports modérés. Cette action à long terme du compost permet de se passer des engrais chimiques, même les années où vous n'épandrez pas de compost. En outre, bien que la concentration du compost en éléments fertilisants soit inférieure à celle des engrais chimiques, son action fertilisante est supérieure et beaucoup plus durable.

Les manières d'utiliser le compost et les quantités à épandre dépendent de la nature du sol et des besoins des plantes. Elles varient aussi selon que le compost est demi-mûr ou mûr. Les quantités de compost mentionnées ici sont des ordres de grandeur. Elles sont basées sur des teneurs moyennes en éléments fertilisants. Or, la composition et la densité des composts de jardiniers peuvent varier beaucoup.

Le tableau page 81 donne, à titre indicatif, la composition de composts de déchets verts et de fumiers.

Pour apprécier la quantité de compost à apporter, l'examen de la terre est important. L'augmentation du taux de matières organiques du sol – résultat d'apports réguliers de compost – se traduit rapidement par l'amélioration de sa structure et l'obtention de plantes saines et vigoureuses. À l'inverse, le manque de compost conduit, au bout de plusieurs années, à une baisse de la qualité du sol et de sa fertilité. Dans les terres sableuses et les terres limoneuses, par nature fragiles, les effets du manque de compost se voient rapidement. Les premières se désagrègent et plus rien ne pousse ; les secondes redeviennent battantes et leur surface forme une « toile cirée » à la moindre pluie.

Plus ou moins mûr ?

Le compost demi-mûr s'utilise avec précaution

Avantage : il améliore grandement la structure du sol

Les produits formés au cours des deux premières phases du compostage (voir annexe 5 page 142) sont particulièrement efficaces pour améliorer la structure de la terre, lorsque le compost est épandu au stade demi-mûr. On les qualifie souvent de « **produits transitoires** » – une sorte d'humus jeune – dans la formation de l'humus. Cette action est le fait de l'intense activité des micro-organismes décomposeurs du sol et des lombrics, stimulés par l'épandage du compost demi-mûr. Mais leur action est fugace (6 mois).

De plus, une partie des éléments minéraux contenus dans le compost demi-mûr (nitrates, phosphates, potassium, magnésium...) peut d'ores et déjà être mise à la disposition du sol et des plantes.

Inconvénient : il peut nuire aux jeunes plantes

Le compost demi-mûr peut être toxique pour les plantes du fait de la présence d'acides organiques et de l'activité encore importante des micro-organismes décomposeurs, dont certains détruisent les bactéries associées aux racines. Il inhibe la germination des graines et peut nuire aux jeunes plantes.

L'ammoniac, parfois présent en quantité importante, est toxique pour de nombreuses plantes.

Comment l'utiliser ?

Le compost demi-mûr ne doit pas être incorporé directement dans la terre, ni utilisé tel quel pour les rempotages ou les semis. En revanche, on peut l'épandre à la surface du jardin où il poursuivra sa transformation en humus. C'est une des formes de compostage en surface. Cette utilisation est possible :
– soit en fin d'été et en automne, sur l'ensemble du jardin, quand la terre est encore chaude et que les vers de terre reprennent leur activité, sauf sur les terres argileuses, humides et froides ;
– soit au printemps, quand la terre s'assèche et se réchauffe, mais seulement au pied des plantes exigeantes en compost déjà bien développées : arbustes, rosiers, arbres fruitiers, tomates, pommes de terre, cucurbitacées... Recouvrez ensuite le compost avec un paillis pour éviter son dessèchement et lui permettre de poursuivre son mûrissement.

FIG. 5 – AMÉLIORATION DE LA STABILITÉ DE LA STRUCTURE DU SOL APRÈS INCORPORATION DE DIFFÉRENTES SOURCES DE MATIÈRES ORGANIQUES (D'APRÈS G. MONNIER)

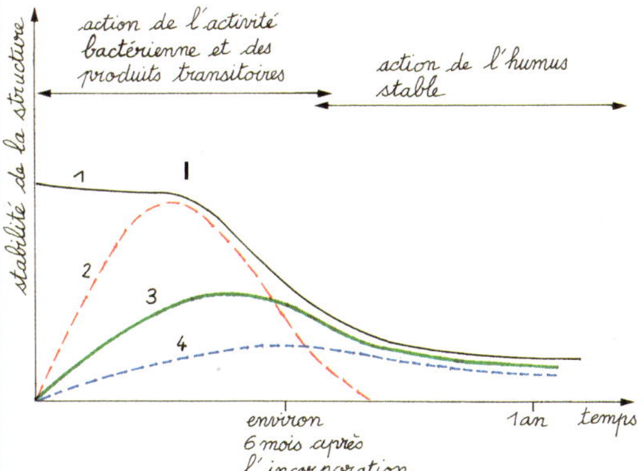

1. Incorporation d'une prairie de ray-grass ou d'une pelouse : action forte et durable.
2. Incorporation d'un engrais vert jeune : action forte, très rapide mais brève. Pas de formation d'humus stable.
3. Incorporation de paille ou de compost demi-mûr : action assez forte et durable
4. Incorporation de fumier décomposé ou de compost mûr : action peu intense mais durable.

Comment améliorer rapidement la structure d'un sol ?

• Cultivez des engrais verts[1] autant que possible, en particulier en automne, après les récoltes et les floraisons. Coupez-les et mélangez-les à la terre de surface au stade jeune.
• Favorisez l'action du gel par un bêchage d'automne en grosses mottes, sans retournement, et des vers de terre.
• Apportez du compost demi-mûr en surface au cours du printemps, lorsque la terre est réchauffée, et paillez.

1. Les engrais verts sont des plantes (moutarde, phacélie, vesce, seigle, etc.) cultivées uniquement pour fertiliser le sol. Elles sont en général enfouies sur place.

Certaines plantes, notamment de nombreux légumes, ne supportent pas l'apport de compost jeune (voir tableau page 91).

Le compost mûr s'utilise sans restriction

Avantages et inconvénients

L'action du compost mûr sur la structure du sol est moins intense que celle du compost jeune ou des engrais verts mais elle dure plus longtemps (plusieurs années).
Plus le compost vieillit et mûrit, plus les éléments minéraux fertilisants sont concentrés mais ils deviennent un peu moins solubles et moins directement assimilables par les plantes. Ils seront peu à peu libérés après l'épandage du compost mûr et sa dégradation par les micro-organismes du sol. Ce n'est donc pas un engrais « coup de fouet ».

Comment l'utiliser ?

Il convient à tous les usages car, contrairement au compost demi-mûr, il n'empêche pas la germination des graines, ni le développement de la microflore associée aux racines des plantes.
Mais comme la quantité obtenue est plus faible que celle de compost jeune, il est souhaitable de le réserver à des besoins particuliers, surtout si on n'en a pas beaucoup : trou de plantation des plantes exigeantes (tomates, potirons,

courgettes..., bien que ces plantes tolèrent le compost demi-mûr en surface), semis en caissettes ou en pépinière, cultures en pots, cultures en terre forte et humide... Toutefois, certains légumes « sensibles » ne doivent pas recevoir de compost, même mûr : oignon, navets... (voir tableau page 91).
Ne stockez pas le compost mûr trop longtemps, car sa quantité et sa richesse en azote diminuent peu à peu. Conservez-le à l'abri de la pluie et du soleil.

Le test de germination

Ce test permet de vérifier si le compost est mûr. Mélangez un tiers de compost et deux tiers de terre du jardin. Remplissez une caissette ou des pots de fleurs avec le mélange. Semez des graines de cresson alénois et arrosez normalement. Si rien ne germe au bout de quelques jours, le compost est encore trop jeune et toxique pour les jeunes plantes. Si un grand nombre de graines germent, le compost est mûr.

Effets du compost selon sa maturité

	Compost demi-mûr	**Compost mûr**
Action sur la structure du sol	Assez forte mais limitée dans le temps. Agrège les terres légères.	Faible mais durable.
Action fertilisante	Importante et rapide.	Très importante mais plus lente.
Action sur les plantes	– Convient aux plantes installées. – Peut être toxique pour les plantes très jeunes et les semis. – Inhibe la germination des plantes cultivées. – Limite la germination des graines des herbes indésirables.	Convient à la plupart des plantes du jardin, sauf aux légumes sensibles (oignon...). Préférer un compost très mûr pour les semis et rempotages.

En surface ou enfoui ?

Faut-il enfouir le compost ?

En règle générale, le compost ne doit pas être enfoui en profondeur. Épandez-le à la surface du sol (riche en micro-organismes et bien oxygénée), de préférence après avoir ameubli et aéré ce dernier en surface. Griffez la terre pour incorporer le compost dans les premiers centimètres du sol.

Les vers de terre et les micro-organismes du sol achèveront de transformer le compost en humus et le mélangeront intimement à la terre bien mieux que vous ne le feriez avec une bêche ou un motoculteur (voir page 148).

L'automne et le printemps sont les périodes les plus favorables pour épandre le compost, car les vers de terre sont très actifs.

Enfoui dans une terre compacte et humide, le compost, même mûr, peut entrer en fermentation anaérobie, nuisible et toxique.

Faut-il pailler après l'apport de compost ?

Au pied des plantes ou entre les rangs de légumes, le paillis limite considérablement le développement d'herbes indésirables comme le mouron blanc, qui se développe dans les terres riches en humus.

Le paillis complète l'action prophylactique du compost (voir annexe 5 page 150) en limitant, notamment, les risques de contamination par le mildiou. Il limite les pertes en azote.

Sous le paillis, la terre reste humide, les vers de terre et les micro-organismes demeurent actifs plus longtemps en été et en hiver, et le compost disparaît en quelques semaines. La terre acquiert une belle structure grumeleuse, idéale pour la croissance des plantes.

Précautions d'emploi du compost

Ce n'est pas parce que le compost est naturel qu'il faut en abuser !

• Un compost épandu en quantité excessive ou trop riche en azote libère beaucoup de nitrates dont se gavent les plantes et les légumes qui deviennent alors plus sensibles aux maladies, comme

Ne jamais enfouir un compost jeune, pas assez décomposé, pas assez mûr

Il y a risque de toxicité et de développement d'une « microflore de décomposition » qui inhibe la germination des plantes et le développement des racines. Sa décomposition consomme l'oxygène du sol au détriment des racines (voir page 148).

le mildiou, et aux ravageurs, comme les pucerons (ces effets sont les mêmes que ceux des engrais chimiques !)... Les légumes, trop riches en nitrates et consommés en grande quantité, peuvent être toxiques pour les bébés et les femmes enceintes.

• Attention au compost de feuilles, d'écorces, de sciure, de copeaux, de paille trop riche en carbone et pas assez mûr... Son enfouissement au printemps, peu avant une culture, risque de provoquer une faim d'azote (voir page 19). Les plantes, par manque d'azote, pousseront mal.

• Attention au **compost issu de résineux** ; laissez-le mûrir longtemps et épandez-le en surface sous les arbustes, car il peut être toxique pour les plantes. En revanche, en paillis, vous profiterez de son effet herbicide (voir page 122).

Où, quand et combien ?

Au potager

Le potager est le lieu de prédilection pour valoriser votre compost. Son emploi régulier permet de couvrir les besoins de la plupart des cultures et rend inutile le recours à des engrais complémentaires, notamment azotés et potassiques, même s'ils sont agréés pour le jardinage biologique.

Les besoins du potager sont plus importants que ceux des autres parties du jardin, pour compenser non seulement les éléments prélevés par les légumes, mais aussi les pertes en humus qui sont plus importantes qu'ailleurs du fait du travail régulier de la terre et de l'intense activité microbienne.

Besoins des légumes et petits fruits en compost[1]

D'après J.-P. Thorez, Le Guide du jardinage biologique, *Terre vivante.*
3 kg de compost équivalent à une couche de 5 à 6 mm. Un seau de jardin de 10 litres en contient environ 8 à 10 kg. Faites l'essai au préalable en pesant votre seau.
1. Les valeurs inférieures sont données pour du compost bien mûr, les valeurs supérieures pour du compost demi-mûr (3 kg pour les plantes exigeantes et 1 kg pour les moyennement exigeantes).

Plantes exigeantes 3 à 5 kg par m^2 et par an	**Plantes moyennement exigeantes** 1 à 3 kg par m^2 et par an	**Plantes peu exigeantes** apport nul
Artichaut, aubergine, bette ou poirée, cardon, céleri *, choux *, concombre et cornichon, coqueret du Pérou, courge et courgette, épinard *, fenouil, maïs, melon, piment, poireau, poivron, pomme de terre, potiron, rhubarbe *, tétragone, tomate.	Asperge, betterave * carotte *, chicorée *, haricot *, laitue *, panais *, persil *, pissenlit *, pois *, salsifis *, scorsonère *.	Ail, arroche, chou de Bruxelles, cresson, crosne, échalote, endive, fève, mâche, navet, oignon, pourpier, radis, topinambour. Plantes aromatiques *.

* Légumes ne supportant que du compost mûr (bien décomposé). Les autres légumes acceptent du compost demi-mûr apporté en surface.
Les chiffres donnés dans ce tableau sont valables pour de bonnes terres de jardin. Pour les terres de remblai et les terres sableuses, les apports doivent être supérieurs (voir page 99).

Le compost doit être apporté en fonction des besoins des plantes, certaines étant exigeantes, d'autres redoutant au contraire les apports de compost trop récents.
Certaines cultures comme les tomates acceptent le compost demi-mûr (à condition de ne pas l'apporter au fond du trou de plantation). D'autres, comme les laitues, les haricots, les carottes, ne supportent que du compost bien mûr.

En automne

La pratique la plus courante, mais pas forcément la meilleure, est l'épandage en automne sur les parties du potager destinées à des cultures exigeantes. Cet apport est incorporé par simple griffage en surface. L'apport de compost mûr peut être suivi du semis d'un engrais vert destiné à amplifier l'amélioration de la structure du sol, surtout dans les terres légères et limoneuses.

Habituellement, l'apport est effectué en tête de rotation, c'est-à-dire avant des cultures exigeantes. En deuxième année leur succéderont des cultures moins exigeantes et en troisième année les légumes qui craignent les fumures organiques, avant le début d'un nouveau cycle. C'est ce qu'on appelle la rotation triennale.

En fin d'hiver, avant les plantations

Dans les régions à hiver très pluvieux, il est préférable d'attendre la fin de l'hiver pour épandre le compost bien mûr avant des cultures exigeantes, avant ou après le travail du sol. De cette manière, on évite que les sels minéraux qu'il contient (nitrates...) soient lessivés et perdus lors des fortes pluies d'hiver et qu'ils polluent les nappes phréatiques.Un délai de quelques semaines avant les semis et les plantations est nécessaire pour laisser le temps aux micro-organismes du sol de libérer les sels minéraux (nitrates...) nécessaires aux besoins des plantes.

Au printemps entre les rangs de légumes

Une autre solution consiste à épandre le compost, de préférence bien mûr, au printemps ou en fin d'été, entre les rangs espacés de 40 à 50 cm puis de pailler.

L'année suivante, la culture sera localisée dans les intervalles entre les rangs qui auront reçu le compost en surface. Cela revient à une rotation biennale. Dans ce cas, les apports doivent être un peu plus faibles qu'avec le système triennal précédent.

Ce système convient beaucoup mieux que l'apport tous les trois ans pour entretenir la fertilité des terres légères et limoneuses, dont la structure est fragile.

Toutefois, la carotte ne doit pas recevoir le compost de cette manière. Les haricots, les pois et les autres légumineuses ne doivent pas recevoir de compost demi-mûr ou trop riche en azote, qui perturberait l'association entre leurs racines et les bactéries symbiotiques (rhizobium) qui fixent l'azote de l'air.

La meilleure manière d'apporter le compost consiste à l'épandre en surface entre les rangs ou au pied des plantes.

Un simple travail superficiel permet de mélanger le compost avec la terre pour faciliter sa transformation en humus et sa liaison aux particules minérales du sol.

Le paillis permet de protéger le compost du dessèchement et favorise la remontée des vers de terre et leur travail d'incorporation du compost.

Dans les trous de plantation

Le compost mûr peut être mélangé à la terre dans les trous de plantation des légumes exigeants : tomate, aubergine, courgette, potiron et courge, melon, concombre.
Prévoyez environ 2 kg de compost par emplacement de plantation. Ne l'enfouissez pas en profondeur, mais mélangez-le bien à la terre. Si vous semez ces légumes directement en pleine terre, il vaut mieux finir de reboucher le trou avec de la terre pure afin que les graines ne soient pas directement en contact avec le compost.

Pour les arbres fruitiers, les framboisiers, les fraisiers, les cassis...

Fraisiers, framboisiers, cassis et groseilliers sont des plantes originaires des sous-bois et des lisières, c'est-à-dire d'endroits riches en humus et toujours couverts d'une litière de feuilles mortes.
Dans le jardin, le mieux que vous puissiez faire pour obtenir des rendements élevés et les maintenir de nombreuses années est de leur donner les mêmes conditions de vie que leurs lointains ancêtres dans la nature.

Fraisier

Tous les ans en automne (après la récolte et après avoir coupé les vieilles feuilles des fraisiers) ou au printemps, quand la terre n'est plus humide et s'est réchauffée, travaillez la terre entre les touffes de fraisiers, épandez 3 à 5 kg/m^2 de compost bien mûr, de préférence un peu acide, puis paillez avec des écorces de pin, des feuilles de fougères, des aiguilles de pin ou de la paille.

Framboisier

Tous les ans, en automne après la récolte ou au printemps, nettoyez le rang, coupez les tiges sèches, supprimez celles en surnombre, apportez 3 à 5 kg/m^2 de compost jeune ou mûr, de préférence un peu acide et complémenté en magnésium (apport de dolomie ou de lithothamne, voir page 29), et paillez.

Cassis, groseillier

Épandez le compost de préférence en automne, en surface, sans travail du sol : 3 kg/m² pour les groseilliers, 5kg/m² pour les cassis. Puis couvrez la terre avec des feuilles mortes, des fougères, de la paille.

Les fraisiers sont très gourmands en compost. Épandez-en tous les ans au début du printemps, ou en automne, puis paillez la terre. Vous serez alors assuré de récoltes généreuses pendant plusieurs années.

Arbres fruitiers

Apportez régulièrement du compost jeune ou mûr, environ 3 kg/m², sous les arbres fruitiers, plutôt vers l'aplomb de la couronne, mais pas autour du tronc. Épandez-le de préférence en automne sur les feuilles tombées à terre. Les vers de terre l'enfouiront tout au cours de l'hiver. Dans les régions froides, paillez aussitôt par-dessus le compost. Protégés du froid, les lombrics resteront actifs très longtemps et enfouiront les feuilles

malades. Dans les régions peu froides et sur les terres humides, attendez le printemps pour pailler.

Au jardin d'ornement

Bien que moins exigeant que le jardin potager et fruitier, le jardin d'ornement nécessite des apports réguliers de compost pour :
– maintenir l'activité biologique du sol à un bon niveau ;
– compenser la diminution naturelle du taux d'humus ;
– restituer les éléments minéraux puisés par les plantes et exportés lors des opérations de taille, de tonte et de nettoyage du jardin.

Haies et arbustes

Sans être indispensable, un peu de compost de temps en temps permet de stimuler la croissance des plantes, surtout dans les

Épandez du compost à l'aplomb de la couronne des arbres fruitiers pour soutenir la croissance des branches fruitières et la production de fruits.

À la plantation

Du compost bien mûr mélangé à la terre dans le trou de plantation stimule la croissance des racines et favorise la réussite des plantations. Comptez environ 0,5 kg par plante vivace, 3 kg pour des rosiers et des arbustes d'ornement, 10 à 15 kg pour des arbres.

terres rapportées des jardins de ville. En revanche, c'est en permanence qu'il faut couvrir la terre avec un paillis de tonte de pelouse sèche ou de feuilles mortes.

Apportez un peu de compost (environ 1 kg/m^2) après avoir taillé sévèrement un arbuste et dès que vous constatez que l'un d'eux fatigue un peu.

Certaines espèces (fuchsia, mahonia, magnolia, etc.) ont des besoins plus affirmés en compost.

Rosiers

Ils réclament des soins et une fertilisation attentive et soutenue pour compenser la taille annuelle. Apportez tous les 2 ans du compost demi-mûr en automne ou du compost mûr au printemps (environ 3 kg/m^2) puis paillez. Le fumier pailleux peut être utilisé en paillis au pied des rosiers.

Le compost mélangé à la terre de surface lors de la plantation stimule la croissance des racines et la reprise des plantes. Ne l'enfouissez pas dans le fond du trou de plantation, surtout si la terre est humide.

Comme dans la nature

La plupart des arbustes des jardins et des haies se portent bien mieux lorsque du compost est déposé à leur pied. Rien d'étonnant à cela, puisqu'ils sont originaires de sous-bois clairs ou de prairies naturelles des quatre coins du monde, dont la terre riche en humus est recouverte de terreau et d'une litière de feuilles mortes ou d'herbes sèches.
Dans le jardin, il suffit de recréer les conditions de vie de leur milieu d'origine pour qu'ils poussent généreusement et restent en bonne santé. C'est simple et tellement efficace !

Plantes vivaces

La plupart des vivaces ont des besoins limités mais ne doivent pas être négligées pour autant. Lors de la plantation, ajoutez 0,5 kg de compost mûr par plant. Tous les 2 ou 3 ans, étalez du compost bien mûr (1 à 2 kg/m^2) autour des plantes vivaces au début de l'hiver, quand elles sont au repos, ou au début du printemps après leur taille et leur nettoyage. Émiettez bien le compost afin de pouvoir l'épandre finement entre les plantes et sur les souches des vivaces vieillissantes. Paillez aussitôt avec des feuilles d'arbres broyées à la tondeuse ou de la paille broyée.

Les rosiers figurent parmi les plantes du jardin les plus exigeantes en apport régulier de compost.

Plantes de terre de bruyère

Le compost ne leur convient guère car il contient trop d'azote, trop de calcium et n'est pas assez acide. Il doit être apporté à des doses faibles (0,5 kg /m^2) et mélangé avec du terreau (de préférence de feuilles) pour enrichir ce dernier en éléments nutritifs. Paillez ensuite avec des écorces de pin.

Certaines plantes ont des besoins plus importants en compost : hosta, primevère, fougère, lis, hémérocalle, pulmonaire, etc.
En revanche, les plantes provenant de régions sèches et adaptées à des sols pauvres (sedums, sempervivum, plantes grasses) redoutent les apports de compost.

Fleurs annuelles

Renouvelées régulièrement, elles ont besoin d'une terre assez riche. Si vous disposez de compost mûr en quantité suffisante, apportez-en lors de la préparation du sol (environ 1 kg/m^2), notamment s'il s'agit de semis direct en pleine terre. À défaut, ajoutez-en seulement autour des plantes en surface après leur plantation ou après avoir éclairci le semis direct. Évitez de mettre le compost au contact du collet (partie située entre les racines et la tige) des plantes. Griffez la terre et paillez.

Pelouse

L'apport de compost mûr, encore appelé terreautage, stimule la croissance du gazon et revigore les pelouses vieillissantes et envahies de mousse. Il peut être réalisé tous les 3 à 5 ans selon l'état de la pelouse.
La fin de l'été est la meilleure époque pour l'épandage. Sinon, attendez le printemps que la terre se soit bien asséchée des pluies d'hiver. Comptez environ 0,5 kg/m^2 de compost mûr dans une terre lourde et assez riche à 1 kg/m^2 dans une terre pauvre ou légère. Si possible, mélangez au préalable le compost avec du sable grossier ou de la terre du jardin avant de l'épandre.

Épandez du compost bien mûr et friable à l'emplacement des touffes des plantes vivaces même lorsqu'elles sont encore au repos et à l'emplacement des plantations de fleurs.

Il est utile d'aérer la pelouse avec un scarificateur avant d'épandre le compost, qui descendra dans les stries au contact du sol et des racines.

Rempotages, semis en caissettes...

Pour les semis de fleurs, le rempotage des plantes vertes, les jardinières du balcon ou de la véranda, mélangez environ 1/3 de compost très mûr, 1/3 de bonne terre du jardin ou de terreau de feuilles, 1/3 de sable grossier ou de vermiculite. Il est possible de stériliser le compost en le passant au four à 80 °C pendant quelques minutes par petites quantités.

Tenir compte du type de sol

Il faut apporter plus de compost dans une terre pauvre en humus que dans une terre de jardin bien entretenue depuis longtemps.

Dans les terres pauvres, les apports seront effectués sur l'ensemble du jardin pendant plusieurs années.

Terre de remblai, terre maltraitée

Dans un jardin de ville, il arrive souvent que la terre végétale d'origine, riche en humus, ait disparu ou se trouve mélangée à de la terre du dessous, plus claire et pauvre en humus. Dans ce cas, les besoins en compost sont importants pour améliorer le taux de matières organiques du sol, stimuler l'activité biologique, augmenter le nombre de lombrics et de bactéries, redonner à la terre une couleur foncée. Il faut plusieurs années pour améliorer de telles terres.

• Lors la création du jardin, apportez du compost sur tout le futur jardin cultivé (ornement, potager, verger), de l'ordre de 30 à 40 kg/m², soit une épaisseur de compost de 5 à 7 cm, avant de travailler la terre sur 30 cm de profondeur. Il est aujourd'hui possible de trouver du compost de déchets verts à des prix acceptables auprès de nombreuses collectivités locales qui ont organisé le tri sélectif des déchets.

• Si le jardin existe déjà, l'apport sera localisé là où les besoins sont les plus importants (arbustes, rosiers, légumes, fleurs...), en surface ou par des bêchages superficiels : 10 à 13 kg/m²/an pendant 2 ou 3 ans, soit une épaisseur de compost de 2 à 3 cm par an. Il est souhaitable de fractionner les apports :

Les terres de remblai nécessitent l'apport d'une quantité importante de compost pour restaurer leur activité biologique et leur fertilité.

– une partie en automne (compost demi-mûr) complétée par des engrais minéraux (calcium, phosphore, potasse) ;
– une autre au printemps : compost demi-mûr au pied des plantes, compost très mûr avant des semis, des repiquages ou des plantations.

Terres légères sableuses

Ces terres ont besoin d'apports plus copieux et plus fréquents, de préférence tous les ans, que les terres argileuses. Le compost et l'humus s'y dégradent deux fois plus, alors que ce sont souvent les seuls liants qui leur donnent du corps.
Pour améliorer la cohésion de la terre, le compost demi-mûr est bien indiqué. Le compost mûr, moins actif sur la structure du sol et souvent disponible en moindre quantité, doit être réservé aux apports localisés avant des cultures exigeantes. Au potager, la culture d'engrais verts d'automne est le complément indispensable pour améliorer et maintenir la structure du sol.
En terre sableuse, les apports de printemps sont préférables pour éviter que les éléments minéraux ne soient lessivés par les pluies d'hiver.
Les apports seront supérieurs d'un tiers environ à ceux habituellement recommandés pour les différentes parties du jardin (voir tableau page 91).

Terres argileuses

Préférez l'apport de compost **mûr** en automne. Commencez par décompacter sommairement le sol à l'aide d'une fourche à bêcher ou d'une grelinette. Le gel continuera de le fragmenter. Le compost épandu pénétrera dans les interstices. Ne l'enfouissez pas, les vers de terre se chargeront de le mélanger à la terre. Il peut aussi être épandu au milieu du printemps, lorsque la terre commence à se réchauffer, au pied des plantes et entre les rangs de légumes.
L'enrichissement du compost en calcium est important pour faciliter la structuration des terres argileuses, grâce la création

de liaisons fortes entre l'argile et l'humus par l'intermédiaire d'ions calcium (voir page 148 Le complexe argilo-humique).

Terres limoneuses

Ce sont des terres souvent compactes qui forment facilement une croûte en surface lors des pluies. Elles contiennent peu d'argile. La seule façon de les protéger et d'améliorer leur structure est de favoriser le travail des vers de terre et de cultiver des engrais verts. Privilégiez les engrais verts d'automne et d'hiver et les apports de compost demi-mûr entre les plantes au cours du printemps ou en fin d'été, protégés ensuite par un paillis.

Terres humides

L'activité biologique d'une terre humide, souvent compacte et peu aérée, est faible. Le compost doit impérativement être apporté très mûr au cours du printemps lorsque la terre s'est asséchée et réchauffée, et toujours en surface.

Une terre limoneuse est fragile et forme facilement une croûte asphyxiante lors des fortes pluies. Les apports réguliers de compost jeune et la culture d'engrais verts renforcent sa résistance et sa fertilité.

FIG. 6 – QUE DEVIENT LE COMPOST ÉPANDU SUR LE SOL

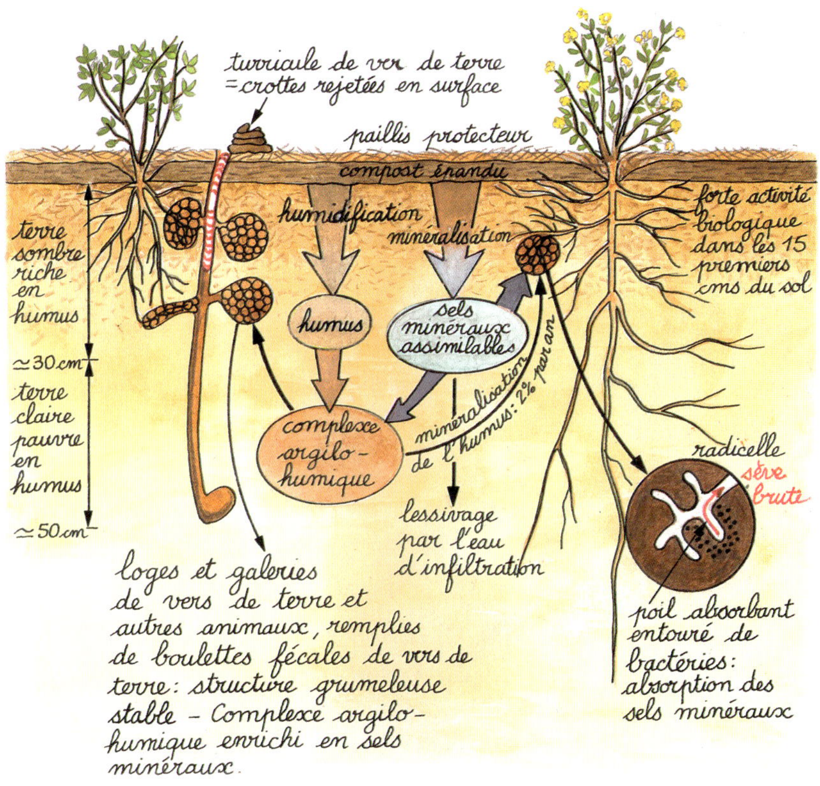

Une bonne terre de jardin doit avoir un taux d'humus d'au moins 2,5 à 3 % ; un peu plus (3 à 4 %) si elle est très argileuse ou au contraire très pauvre en argile (terre sableuse et terre limoneuse). Pour compenser simplement les pertes naturelles d'humus par minéralisation (en moyenne 2 % par an), il faut apporter environ 300 g/m^2 de compost bien mûr chaque année. L'humus se minéralise plus vite (jusqu'à 3 % par an) dans une terre sableuse ou travaillée fréquemment que dans une autre.

DEUXIÈME PARTIE

Feuilles d'arbres, tontes de gazon, bois de taille et autres :

à chacun son recyclage

Recycler les feuilles mortes

Le ramassage des feuilles n'est indispensable que dans les allées, sur la pelouse et, si elles forment une couche épaisse, sur les massifs de fleurs et dans le potager. Laissez sur place celles qui tombent naturellement au pied des arbustes et des haies.
Les feuilles mortes peuvent être recyclées de plusieurs façons :
– dans le compost ;
– en paillis au pied des arbres et des arbustes ;
– en terreau, si vous disposez de grandes quantités de feuilles.

UNE ASTUCE
En automne, épandez les feuilles mortes sur la pelouse avant de passer la tondeuse : elles seront broyées et mélangées à des matières azotées et humides. Le broyage facilite leur utilisation en paillis et accélère leur décomposition dans le compost.

D'une espèce à l'autre

Les feuilles de certains arbres, riches en azote, se décomposent vite : aulne, bouleau, charme, érable, frêne, noisetier, orme, peuplier, saule, sureau, arbres fruitiers, ainsi que la plupart des arbustes d'ornement comme le forsythia, les spirées, les cornouillers...
D'autres feuilles se décomposent difficilement du fait de leur caractère épais et coriace ou de la présence de tanins qui ralentissent leur dégradation : chêne, châtaignier, hêtre, platane, noyer, feuilles persistantes épaisses (laurier-palme, rhododendron, photinia, aucuba...). C'est un inconvénient pour le compostage mais c'est un atout pour les utiliser en paillis. Le noyer contient de la juglandine, une substance qui inhibe la germination des plantes herbacées : un atout pour le paillage !
Les aiguilles des résineux (pin, épicéa), au rapport carbone/azote élevé, se dégradent lentement et tendent à acidifier le sol, au bout de plusieurs années d'apport. Réservez-les au paillage des fraisiers et des plantes de terre de bruyère.

Pailler avec des feuilles

Les feuilles mortes constituent le paillage le plus naturel et le plus simple qui soit, de plus elles sont gratuites.
Elles ne doivent pas être enfouies dans la terre mais simplement laissées à la surface du sol, comme dans la nature. Elles se transforment en humus forestier et forment un abri douillet qui protège pendant l'hiver de nombreux animaux du jardin, en particulier les insectes utiles (coccinelles, syrphes et autres).
La propagation de maladies n'est pas à craindre, sauf si une maladie du feuillage particulièrement grave ou virulente sévissait dans votre entourage, ce qui est heureusement rare. Si vous avez des inquiétudes, par exemple en recyclant des feuilles de pommier tavelées ou de rosiers touchées par la maladie de la tache noire, la meilleure solution est de les utiliser pour pailler des plantes d'une toute autre famille. Par exemple, les feuilles de pommier sous les forsythias, les feuilles de rosiers sous les cassis ou sous les haies...
Mais, rassurez-vous, les problèmes sont rares.

Récupérez les feuilles tombées sur la pelouse. Laissez d'abord le vent les pousser vers les surfaces à pailler. Finissez le travail avec le râteau à feuilles. Conservez les branches basses des arbustes pour maintenir les feuilles et éviter leur éparpillement par le vent ou les oiseaux.

Sous les haies, les rosiers et les massifs arbustifs

Le paillis de feuilles reconstitue le milieu de vie d'origine de la plupart des arbustes horticoles. Ils s'en portent vraiment mieux. Cette amélioration est encore plus marquée si vous prenez soin d'épandre un peu de compost à leur pied en automne avant de pailler.

Commencez par laisser sur place les feuilles tombées au pied des arbustes. Si elles ne suffisent pas pour former une litière assez épaisse pour durer un an, ajoutez les feuilles mortes ratissées sur la pelouse et dans les allées.

Pour pailler les rosiers et les arbustes fragiles, il vaut mieux broyer les feuilles afin qu'elles se décomposent dans l'année et ne fassent pas obstacle à la circulation de l'air et de l'eau.

Dans les massifs de fleurs vivaces

Les petites feuilles, comme celles du chêne ou du saule, conviennent bien pour pailler entre les fleurs vivaces et les bisannuelles. Elles peuvent être étalées dès l'automne, en couche peu épaisse pour ne pas asphyxier les plantations. Vous pouvez aussi utiliser les feuilles plus larges à condition de les broyer, ce qui permet de les étaler plus facilement.

Le petites feuilles peuvent servir telles quelles de paillis. Il est plus facile d'épandre les feuilles larges si elles ont été fragmentées avec une tondeuse.

Les plantes délicates et celles dont les parties aériennes disparaissent totalement au cours de l'hiver préfèrent être paillées au printemps, lorsque leur croissance redémarre. Utilisez les feuilles stockées en tas au cours de l'hiver qui auront subi un précompostage (terreau de feuilles de 6 mois). Si nécessaire, broyez-les avec une tondeuse ; elles s'étalent ainsi parfaitement et forment un paillis élégant et très naturel.

CONTRE LE GEL
Recouvrez la base des plantes gélives (fuchsia, vivaces...) et des légumes à protéger ou à récolter progressivement (poireaux, racines d'hiver, choux...) avec des feuilles bien sèches et assez larges pour les protéger lors des périodes de froid.

Au potager et au verger

• Au potager, épandre les feuilles mortes sur la terre n'est pas une pratique habituelle. Faute de mieux (paille, fougères, culture d'engrais verts...), elles peuvent être utilisées en couverture pour protéger le sol au cours de l'hiver. La terre sera plus facile à travailler au retour du printemps.
En fin d'hiver, ratissez les feuilles qui n'auraient pas été enfouies par les vers de terre et ajoutez-les au compost.
Toutefois, les terres trop argileuses et humides ne doivent pas être paillées de la sorte : il vaut mieux les travailler en grosses mottes avant l'hiver.

• Au verger, les petits fruits apprécient beaucoup le paillis de feuilles. En automne, épandez du compost demi-mûr puis paillez avec des feuilles qui se décomposent lentement (chêne, châtaignier...).
Sous les pommiers et autres arbres fruitiers, attendez la chute de leurs feuilles, puis couvrez celles-ci par exemple avec les dernières tontes de pelouse et éventuellement un peu de compost. Elles se décomposeront très vite et les lombrics les entraîneront en profondeur. À la fin de l'hiver, la terre sera propre, nette, et il n'y aura aucun risque de contamination par d'éventuelles maladies au retour du printemps (voir page 149).

Cassis paillés après un copieux apport de compost.

Lorsque l'activité biologique du sol est bonne, il est possible de laisser les feuilles mortes des fruitiers, même celles atteintes de tavelure ou d'autres maladies et parasites.

4 mois plus tard : tout est enfoui par les lombrics.

Le terreau de feuilles

Le terreau de feuilles demande peu de travail et seulement un peu de place à l'ombre pour entasser les feuilles et les laisser se transformer pendant plus d'un an. Vous pouvez mettre les feuilles en tas, mais les oiseaux ont parfois tendance à les disper-

ser. Le mieux est de réaliser un silo avec quelques piquets et du grillage à petites mailles.
Attendez qu'il ait bien plu et que les feuilles soient bien humidifiées avant de les ramasser. Entassez-les en aérant le plus possible à l'aide d'une fourche. Il est préférable de broyer les feuilles coriaces (platane...). Régulièrement, tous les 20 cm de hauteur environ, ajoutez un activateur azoté, de préférence organique : purin d'ortie ou de consoude peu dilué, poudre de sang, poudre de corne, fientes de volaille. Si possible, ajoutez aussi du vieux terreau de feuilles afin d'ensemencer le tas en champignons et en animaux décomposeurs (cloportes, mille-pattes, acariens, collemboles, vers enchytréides...). L'ajout d'un peu de terre argileuse permet de neutraliser les tanins et de favoriser l'activité bactérienne. Arrosez un peu pour diffuser l'engrais azoté et le vieux terreau dans la couche de feuilles.
Six mois plus tard, au cours du printemps, retournez le tas. Ajoutez à nouveau un peu d'engrais azoté.
Le terreau de feuilles commence à être prêt à l'automne suivant. À ce stade, il peut être utilisé en couverture du sol, parmi les fleurs vivaces, au pied des rosiers, des fraisiers, des framboisiers, ou des myrtilles. En vieillissant encore un an, voire deux, il s'affine davantage et peut être utilisé en support de culture pour

Les feuilles mortes en surnombre peuvent être transformées en terreau de feuilles sans difficulté mais il faut du temps.

des semis, des bouturages ou des repiquages. Mélangé à du compost mûr (2/3 de terreau de feuilles, 1/3 de compost), il constitue un bon terreau de rempotage pour les plantes vertes, les géraniums et la plupart des plantations.
Le terreau de feuilles contient environ 0,5 à 0,8 % d'azote (comme le fumier), 0,1 à 0,3 % de phosphore et 0,1 à 0,7 % de potasse.

Le terreau de feuilles est acide

Le terreau de feuilles est plus acide qu'un compost de déchets de cuisine et du jardin. Il en va de même d'un compost constitué à partir de matériaux ligneux pauvres en azote. C'est l'idéal pour les plantes de terre de bruyère, les fraisiers, les framboisiers.

Laissez le vent pousser les feuilles vers les surfaces à pailler. Finissez le travail avec le râteau à feuilles. Paillez épais. Conservez les branches basses des arbustes pour maintenir les feuilles et éviter leur éparpillement par le vent ou les oiseaux.

Les feuilles mortes se transforment en humus

Il suffit d'observer le cycle de la forêt pour comprendre ce que devient le paillis de feuilles mortes et son intérêt pour les plantes. En automne, les premières feuilles tombées sont en contact avec la terre humide et encore chaude et sont rapidement attaquées par les organismes décomposeurs présents dans le sol.

Une litière vivante

Les feuilles tombées les dernières forment une litière forestière, c'est-à-dire un paillis qui protège les couches inférieures du dessèchement et du froid de l'hiver.

Toutes les parties des feuilles ne sont pas dégradées à la même vitesse du fait de leur composition différente. Des champignons (moisissures blanches) envoient leurs filaments extraire le contenu des cellules mortes (sucres, protéines...) et commencer à dégrader la cellulose. Ils fructifient en produisant les « chapeaux » que l'on ramasse en forêt. Des bactéries s'installent dans le sillage du mycélium.

Des arthropodes décomposeurs et des lombrics (voir annexe 5 page 143) s'installent à leur tour et se nourrissent des parties tendres des feuilles, des brindilles ramollies par l'humidité du sol ou des débris végétaux imprégnés de champignons et de bactéries.

Lente au départ, la dégradation de la litière végétale par les micro-organismes s'accélère sous l'action des animaux du sol, en particulier des gros lombrics, qui fragmentent les tissus végétaux plus résistants (pétiole et nervures des feuilles...) en éléments de plus en plus fins, et les imprègnent en micro-organismes dans leur tube digestif.

Minéralisation et humification

Environ 80 à 95 % de la matière végétale d'origine se décompose en éléments simples qui sont libérés sous forme minérale et mis directement à la disposition des plantes. C'est la minéralisation.

Le reste de la matière végétale, en particulier les éléments fibreux, est dégradé sous forme d'éléments biochimiques simples puis réorganisé en humus. Ces substances humiques migrent peu à peu dans le sol, en partie grâce aux vers de terre, lui donnant sa couleur brune, et se dégradent lentement à leur tour en éléments minéraux fertilisants.

La boucle du cycle de la matière vivante est bouclée. Ainsi va la vie depuis des millions et des millions d'années.

Valoriser les tontes de pelouse

Les tontes de pelouse constituent souvent l'essentiel des déchets verts du jardin mais il n'est pas toujours facile de transformer en compost ces gros apports saisonniers.

Comment pailler avec des tontes de pelouse ?

Les tontes de pelouse conviennent pour pailler la plupart des plantes du jardin.
Il faut seulement veiller à ce qu'elles ne forment pas une couche imperméable et putride, qui attirerait les limaces et entraînerait un risque de maladies :
– Faites sécher les tontes pendant un jour ou deux au soleil ;
– Ne les épandez pas en couche trop épaisse : 3 cm maximum

Précautions à prendre

Pour pouvoir être réutilisées sans souci, les tontes de pelouses doivent perdre une partie de leur humidité. Le mieux est de les étaler en andain, c'est-à-dire en tas allongé et très peu élevé, à proximité de l'endroit où vous allez les recycler.
Rappelez-vous que pour le compostage en silo, il faut les introduire en quantité limitée en les mélangeant à d'autres déchets. N'oubliez pas de les remuer une fois ou deux pour éviter qu'elles ne prennent en masse.
Évitez d'utiliser des tontes comprenant des plantes montées en graine comme, par exemple, la fétuque annuelle.

avec de l'herbe non séchée, jusqu'à 8 ou 10 cm avec de l'herbe bien sèche ;
– Dégagez la base des plantes pour éviter de les endommager au cas où l'herbe humide fermenterait un peu ;
– Évitez de pailler avec des tontes fraîches autour des jeunes plantes dont les racines trop superficielles risqueraient de souffrir de l'excès d'azote (ammoniac).

Les tontes de pelouse se décomposent assez vite, en quelques semaines à quelques mois selon l'épaisseur, ce qui les destine

Pour recycler les tontes en paillis épais, il est indispensable de les laisser sécher quelque temps au soleil en bordure de la pelouse ou de l'endroit où vous allez les utiliser.

Les tontes de pelouse forment un paillis de courte durée, car il se dégrade vite. Elles conviennent bien entre les rangs de légumes et les fleurs et au pied des arbustes.

plutôt à des paillis saisonniers de courte durée : autour des plantes basses annuelles ou vivaces, des légumes de culture courte (haricots...), sous les jeunes haies.
Pour une action prolongée, le paillage doit être renouvelé régulièrement.

Réduire le volume des tontes

C'est une solution de bon sens, séduisante, mais qui n'est pas toujours facile à mettre en œuvre. Il y a plusieurs moyens d'y parvenir.

Semez un gazon à croissance lente

Un gazon est toujours un mélange de graines d'espèces différentes. Les gazons standard, pour l'agrément et la détente, contiennent une proportion importante de raygrass anglais qui présente une bonne résistance au piétinement et permet une couverture rapide du sol. Les variétés anciennes sont à croissance rapide et nécessitent des tontes fréquentes.
Les gazons modernes, en particulier les mélanges haut de gamme, contiennent des variétés sélectionnées de raygrass à feuilles plus fines dont la croissance est plus lente (ce sont les variétés 'Elka', 'Lex 86', 'Avenue', 'Troubadour'... ou, plus ancienne, 'Manhattan'). Elles assurent une bonne couverture du sol tout en produisant des volumes de tontes moins importants. Évitez toutefois les mélanges de graminées fines à croissance lente (fétuques...) qui sont destinés aux gazons d'ornement et réclament des soins attentifs.

La tonte-mulching : la fin du ramassage

De nouvelles générations de tondeuses à carter de tonte plus refermé et à double lame permettent de couper l'herbe en menus morceaux qui peuvent dès lors rester sur place. Ils forment une couverture du sol, un mulch, et se décomposent rapidement. Plus de ramassage !

Cette technique a toutefois ses limites. Il n'est pas possible de tondre de l'herbe trop haute ; il faut donc tondre plus souvent, ce qui n'est pas dans les habitudes de nombreux jardiniers. La tonte-mulching favorise l'accumulation de débris végétaux et le feutrage à la base des touffes d'herbe. Enfin, elle ne convient pas sur les sols humides ou compacts.

Les pelouses de prestige réclament des soins incessants et coûteux et des tontes fréquentes.

Lisière d'herbe ou coin de prairie.

Supprimez les engrais et l'arrosage, et, pourquoi pas, transformez une partie de la pelouse en prairie

Le rêve de la pelouse idéale, celle des *greens* de golf et des jardins de prestige, n'est accessible qu'au prix de contraintes importantes et coûteuses : tonte une fois par semaine, arrosages fréquents en été, engrais, antimousse, désherbage au printemps... Tout ce luxe n'est pas très écologique. Autant accepter que votre pelouse ne soit pas le *top-model* des gazons. Qu'importe finalement que des pâquerettes, des véroniques ou des boutons d'or s'y installent, dès lors que ces plantes de prairie ne remettent pas en cause l'usage essentiel de la pelouse.

Si vous acceptez de supprimer les engrais, l'arrosage, le désherbage sélectif, les besoins de tonte et donc les déchets verts seront moindres. Une précaution toutefois : montez la hauteur de coupe à environ 5 cm pour maintenir la vigueur et la compétitivité de l'herbe face à la mousse et aux autres plantes.

Pour diminuer encore le volume des tontes, transformez une partie de la pelouse en prairie que vous couperez seulement deux ou trois fois dans l'année. Le foin se transforme plus facilement en compost car il contient moins d'azote et plus d'éléments carbonés que l'herbe jeune.

Vous pouvez par exemple laisser des bandes d'herbes hautes en lisière des haies du jardin. C'est très joli et les fleurs attireront les papillons, les insectes auxiliaires du jardin et de nombreux animaux. Vous couperez ces bandes en juin. Une simple tondeuse à essence peut suffire pour une petite surface.

Utiliser les déchets de taille

Les branches taillées forment, après les tontes, le deuxième volume le plus important de déchets verts. Elles doivent être broyées pour être compostées ou réutilisées sous forme de paillis.

Dans le compost

Les végétaux ligneux sont très utiles, notamment pour équilibrer les tontes, trop riches en azote. Leur décomposition fournit de grandes quantités d'humus.

• Les branches jeunes et celles taillées au cours du printemps en sève montante (après la floraison ou après la pousse de printemps) sont humides et riches en divers minéraux. Elles se dégradent rapidement. Leur rapport carbone/azote est proche de l'équilibre. Broyées et mises en tas, elles fermentent vite,

Fleuries ou champêtres, taillées ou libres, la plupart des haies réclament des tailles régulières tous les ans. Des arbustes à croissance lente ou à port compact produisent moins de déchets de taille et nécessitent des interventions moins fréquentes.

dégagent beaucoup de chaleur et se transforment rapidement en compost d'excellente qualité.
Toutefois, les rameaux et feuilles épaisses de certains arbustes persistants comme le laurier-palme *(Prunus laurocerasus)* ou le photinia mettent plus de temps à se décomposer. Réservez-les pour les paillis.
• Les branches âgées et celles taillées en hiver sont plus sèches et moins riches en azote et en phosphore. Elles sont plus riches en carbone (lignine et tanins) et leur décomposition est plus lente. Les branches de feuillus se dégradent plus vite que celles de résineux. Broyées, ces dernières conviennent mieux en paillis.

En paillage

Le broyat d'hiver convient mieux pour cet usage que celui de printemps car il est plus sec et ne risque pas de chauffer. C'est un paillis assez joli qui s'intègre bien dans le jardin. Il convient en de nombreux endroits : sous les haies et les massifs arbustifs, sous les rosiers, entre les plantes vivaces, sous les arbres fruitiers. Il convient aussi pour les petits fruits : fraises, framboisiers, cassis, mais pas dans le potager car il se décompose trop lentement. Épandu dans les allées du jardin, le broyat empêche les plantes indésirables de s'installer et son contact est agréable, souple, moelleux sous le pied.
Le paillis de branches broyées a une durée de vie d'une à plusieurs années selon son épaisseur (entre 5 et 12 cm).
Le broyage peut être réalisé, selon le diamètre des branches, avec un broyeur ou la tondeuse à gazon (voir page 43).

Quelques précautions

Pour éviter la propagation d'éventuelles maladies, ne broyez pas des branches mortes ou atteintes de maladies telles que le chancre et la nécrose des tiges et des rameaux, le verticillium et tout particulièrement le pourridié, qui se manifeste par la présence de champignons en touffes (l'armillaire) poussant à la base des

Pour recycler les branches broyées en paillis, préférez les tailles d'hiver plus sèches qui ne risquent pas de fermenter.

Broyat dans les allées du potager de Terre vivante : moelleux et esthétique.

plantes attaquées. Ces maladies sont susceptibles de contaminer de nombreuses espèces d'arbres et d'arbustes.

En dehors de ces rares cas de maladies graves, adoptez une précaution simple : étalez le broyat des tailles de rosiers par exemple sous les arbustes, celui des arbres fruitiers entre les vivaces, celui des arbustes entre les rosiers... C'est la rotation des paillis !

Une autre précaution, si nécessaire, consiste à faire précomposter les branches broyées en tas de manière à obtenir une montée en température importante. Le broyat pourra ensuite être étalé sans crainte dès que la température sera redescendue.

Lors du broyage, prenez des précautions avec les plantes toxiques, comme le laurier-rose ou le sumac de Virginie : portez des gants pour éviter le contact de la peau avec la sève.

Le broyat issu de végétaux riches en tanins (chêne, châtaignier, résineux) pourra être précomposté en tas pendant plusieurs mois avant d'être étalé au pied des jeunes plantations afin d'éviter d'éventuels effets dépressifs sur les plantes.

Thuyas, cupressus : un paillis désherbant durable et gratuit

Le broyat de thuyas et de cyprès a une action herbicide importante et durable. N'utilisez jamais les branches et les feuilles de ces arbres dans le compost. Non seulement il leur faudrait plus d'un an pour se décomposer, mais surtout le compost obtenu aurait un effet toxique sur les plantes cultivées. Transformez cet inconvénient en avantage : étalées à la surface du sol, les tailles de thuyas, broyées ou non, inhibent la germination et la croissance des herbes indésirables. Cette action est durable, gratuite et sans danger pour l'environnement. Paillez ainsi les haies et les arbustes plantés depuis plusieurs années, mais pas les jeunes plantations dont le système racinaire, encore trop superficiel et fragile, risquerait d'être affecté.

Impropres pour la transformation en compost du fait de leur toxicité, les tailles de thuyas broyées sont idéales pour constituer un paillis au fort pouvoir antigerminatif.

Pour faire des fagots

Si vous n'avez pas la possibilité de broyer les branches des arbustes, vous pouvez en faire des petits fagots. Vous les utiliserez :
– pour allumer le feu de la cheminée ;
– pour fabriquer des abris d'hiver pour les animaux du jardin,

en particulier les insectes auxiliaires et les hérissons. Les rouges-gorges et les troglodytes pourront y nicher à l'abri des chats. Glissez-les sous les haies ou dans les massifs arbustifs.

Comment diminuer le volume des tailles de haies et d'arbustes ?

Lorsqu'ils plantent des arbustes et des haies, de nombreux jardiniers choisissent des variétés à croissance rapide mais se plaignent ensuite des contraintes d'entretien. Les végétaux classiques des haies, comme le thuya, le cyprès, le laurier-palme (ou laurier-cerise), le photinia, le laurier du Portugal, le troène, le charme... poussent vite et produisent beaucoup de déchets de taille car à l'âge adulte ce sont en réalité des arbres dont la croissance est naturellement rapide. Des arbustes moins hauts, comme le cotonéaster, le pyracantha, les céanothes persistants, ont aussi une croissance très rapide. Mais tous les arbustes des jardins n'ont pas la même exubérance.

Il est possible de réduire les contraintes d'entretien et le volume des déchets de taille en choisissant :

– des arbustes à croissance plus lente qui nécessitent des tailles peu fréquentes ;

– des arbustes qui ont naturellement une hauteur limitée, entre 2 et 3 mètres ; même s'ils doivent être taillés régulièrement, les volumes des tailles sont moins importants ;

– des arbustes de nouvelle génération, plus compacts, nanifiés, qui produisent moins de déchets (voir tableau).

La sélection horticole s'oriente de plus en plus vers la modification des anciennes variétés hautes et vigoureuses dans le but d'obtenir des variétés nanifiées ou à croissance lente. Ces nouveaux arbustes conviennent mieux à l'aménagement des petits espaces, en particulier en ville où les haies doivent être maintenues assez basses à la fois pour ne pas encombrer le jardin et pour respecter les règles de hauteur du Code civil.

LA HAUTEUR DES HAIES SELON LE CODE CIVIL
Haie implantée à moins de 2 mètres de la limite de propriété : elle doit être maintenue à moins de 2 mètres de hauteur.
Haie implantée à plus de 2 mètres : la hauteur est libre.

Choix d'arbustes pour réduire le volume des tailles (liste non limitative)			
Arbustes à croissance lente qui demandent des tailles peu fréquentes		Arbustes compacts, nanifiés ou de hauteur modérée dont la taille engendre peu de déchets	
Persistant	Caduc	Persistant	Caduc
Aucuba du Japon, azalée, berbéris nain, buis toujours vert, camélia, fusain du Japon, if, mahonia, osmanthe burkwoodii, rhododendron, skimmia du Japon.	Berbéris nain, fusain ailé, pommier 'Pom'zai'.	Abélia, arbousier 'Compacta' et 'Atlantic', caryoptéris, deutzia gracilis, houx meserveae, laurier-palme 'Etna' et 'Herbergii', laurier du Portugal compact 'Angustifolia', laurier-tin compact (Viburnum tinus 'Bewleys Variegatus', 'Gwenlian'), nandina, oranger du Mexique, osmanthe heterophyllus 'Gulftide', photinia 'Robusta Compact'.	Buddléia 'Lochinch', caryoptéris, cornouiller blanc ('Ivory Halo', 'Aurea', 'Siberica'...), deutzia gracilis, forsythia nain ('Boucle d'or', 'Mêlée d'or', 'Week-End'), hortensia de moyenne hauteur, lilas nain (Syringa microphylla 'Superba', 'Josée'), potentille, seringat nain ('Natchez'...), spirée thunbergii et arguta, viorne obier compacte, weigélia nain et compact ('Nain rouge', 'Florida', 'Carnaval', 'Lucifer'...).

Arbuste compact produisant moins de déchets de taille : Viburnum tinus 'Gwenlian'.

Recycler les déchets des fleurs et des plantes vivaces

De nombreuses plantes des jardins ont de longues feuilles qui restent souples lorsqu'elles sont fanées (hémérocalles, montbrétias...). Plutôt que de les jeter lors du nettoyage d'hiver, utilisez-les comme paillis car elles se décomposent lentement. Vous ne couvrirez pas de grandes surfaces mais ce sera toujours ça. Étalez ces feuilles sous les arbustes et les rosiers notamment. Dans les régions froides, attendez la fin de l'hiver pour les couper car elles protègent la souche des plantes contre le gel.
Les tiges creuses comme celles des ronces, des framboisiers, des asters, des rudbeckias, des lysimaques... sont très recherchées par les insectes auxiliaires, en particulier les guêpes solitaires ; elles pondent à l'intérieur des tiges et y nourrissent leurs jeunes de

Tout dans le jardin peut être récupéré et recyclé, comme ces feuilles de montbrétia qui formeront un excellent paillis.

pucerons. Faites-en de petits fagots que vous installerez dans les arbustes et les haies. Les insectes s'y installeront au cours du printemps.
Les tiges rigides peuvent aussi être broyées pour être utilisées comme paillis.

Le compost possède des propriétés incomparables pour offrir aux plantes les conditions d'une bonne résistance aux maladies et aux ravageurs.

ANNEXES

Annexe I
Que peut-on composter ?

Agrumes

Les peaux d'orange, de pamplemousse, de citron... se décomposent vite si elles sont coupées en quartiers et bien mélangées au compost. Humides, elles sont vite attaquées par les micro-organismes, en particulier les moisissures. Ne les laissez surtout pas sécher. Les traitements des fruits après récolte peuvent tout au plus retarder leur décomposition. Enlevez les étiquettes collées sur la peau (même chose pour les autres fruits). Les citrons sont très acides, mais ne posent pas de problème en petite quantité.

Aiguilles de résineux

Elles sont difficiles à dégrader (sèches, riches en carbone et entourées d'une enveloppe épaisse et cireuse) et acidifient le compost, ce qui est favorable pour fertiliser les plantes de terre de bruyère, les framboisiers et les fraisiers. Il est préférable de les utiliser en paillis pour ces plantes.

Algues

Elles sont très riches en potasse et en oligoéléments.
Elles doivent être mises en petits tas à l'écart pendant quelques mois pour éliminer le sel qui est toxique pour les plantes et détruit la structure du sol. Incorporez-les ensuite aux autres déchets : elles se décomposeront vite et produiront un excellent compost.

Animaux, déchets d'origine animale, viande, produits laitiers

Les plumes, les poils, les peaux, les viscères des volailles, les produits laitiers périmés peuvent aller dans le compost. Riches en azote, en matières carbonées fermentescibles et pour certains en soufre, ils se décomposent rapidement. Soyez prudent avec la viande : jamais de grosses quantités à la fois. Voir page 23.

Branches et tailles des arbustes

Voir page 119.

Cendre de bois et de charbon, suie

N'utilisez que de la cendre de bois non traité. La cendre est très riche en sels minéraux, notamment en calcium et en potasse. Tamisez-la pour ôter les objets étrangers (clous...) et les gros morceaux de charbon de bois. La cendre de charbon est toxique ainsi que la suie de cheminée et de poêle à bois ou à fuel ; ne les mettez pas dans le compost.

Coquilles d'œufs et coquillages

Écrasez les coquilles d'œufs avant de les ajouter au compost. Elles disparaîtront alors assez vite. Les coquilles de moules ne sont pas détruites dans le compost, mais elles se brisent facilement en menus morceaux après quelques mois passés dans la terre. Elles libèrent alors leurs sels minéraux dont le calcium. Les autres coquillages, les carapaces et les pinces de crabes sont indestructibles, à moins de les broyer finement avant de les composter.

Écorces

Utilisées seules, les écorces ont une décomposition longue car elles sont sèches, riches en carbone et de structure grossière. Mais elles sont intéressantes en mélange avec des matériaux mous, humides et riches en azote. Leur compostage élimine la toxicité des tanins et des résines.

Feuilles

Toutes les feuilles des arbres se décomposent dans la nature et dans le compost, certaines plus lentement que d'autres : platane, érable plane, noyer... Voir page 106.

Fougères

Riches en sels minéraux, notamment en silice et en potasse, elles sont excellentes dans le compost et comme paillis, notamment au pied des fraisiers et des framboisiers.

Fruits et légumes pourris

Les fruits et les légumes récoltés ou achetés qui pourrissent lors du stockage ou dans le bas du réfrigérateur peuvent être mis dans le compost. Le développement des moisissures est un processus normal de décomposition des végétaux. Il y a très peu de risques de contamination ultérieure (voir aussi Plantes et fruits malades page 132). Les pommes pourries se décomposent assez lentement ; écrasez-les avant de les ajouter au compost.

Graines des plantes de la pelouse

Lorsque la pelouse comporte de nombreuses plantes en fleurs susceptibles d'être en graine (pâquerette, pâturin annuel, pissenlit...), tondez une première fois assez haut pour couper les fleurs. Cette tonte pourra être évacuée sous une haie épaisse où les graines ne pourront germer faute de lumière, ou vers la déchetterie. Tondez une deuxième fois quelques jours plus tard, plus bas ; le gazon pourra alors être valorisé dans le compost ou en paillage, sans aucun risque de contamination par des graines indésirables.

Graines de légumes

Les graines des tomates et des cucurbitacées (courgette, citrouille...) ne sont pas détruites si le compost ne chauffe pas. Certaines germent facilement dans le compost, d'autres sont réensemencées dans le jardin lors de l'épandage.

Haricots

N'arrachez pas les tiges des haricots nains, afin de profiter de l'azote qui a été fixé dans les racines de ces plantes de la famille du trèfle, grâce à des bactéries spéciales qui fixent l'azote de l'air. Ces bactéries forment des petites boules – les nodosités – attachées aux racines. Broyez les tiges sur place dans le jardin avec la tondeuse. Elles se décomposeront rapidement et l'azote accumulé dans les racines restera dans la terre. Les tiges des haricots à rames, plus encombrantes, seront coupées et broyées avant d'aller sur le compost.

Évitez de mettre les herbes indésirables à graines, comme ce séneçon, dans le compost.

Litières d'animaux domestiques

Les excréments des animaux domestiques sont à éviter si ces derniers ne sont pas purgés régulièrement et soignés correctement à cause des germes pathogènes qu'ils peuvent contenir. La litière, matériau constitué d'argile absorbante, peut être incorporée dans le compost sans risque. L'utilisation de litières contenant des excréments nécessite de bien maîtriser le compostage afin d'obtenir une forte production de chaleur.

« Mauvaises herbes »

Elles peuvent être ajoutées au compost, à condition qu'elles ne soient pas en graine. Lorsque la température du compost monte à 65 °C, les graines sont détruites. Mais cette température n'est pas toujours atteinte en pourtour d'un tas ni dans un silo à compost. La prudence s'impose donc.

Il faut sarcler et arracher régulièrement les plantes indésirables, avant qu'elles ne soient montées en graine. Soyez vigilant car certaines plantes, comme le séneçon ou le pissenlit, forment très vite leurs graines, même une fois arrachées et mises sur le compost. Il suffit de couper la fleur avant de porter la plante sur le compost.

Marc de café, de thé ou de tisane

Il contient de l'azote et de nombreux sels minéraux. Les vers du compost apprécient le marc de café. Laissez les filtres en cellulose, mais jetez les sachets de thé et de tisane qui ne se décomposent pas.

Mousses

La décomposition des mousses est assez longue. Ce n'est pas une raison pour les jeter.

Os

Riches en sels minéraux – notamment en azote, en phosphore et en calcium –, ils doivent être broyés pour être compostés.

Papier, journaux

Les papiers sont fabriqués à partir de la cellulose des arbres à bois tendre, une matière première facile à transformer en compost. L'encre de couleur contient des métaux toxiques, mais pas l'encre noire.

Vous pouvez composter sans problème les mouchoirs en papier et essuie-tout cellulosiques..., ou encore la feuille de journal sur laquelle, peut-être, vous épluchez les légumes.

Évitez de composter des quantités importantes de journaux et de papiers noir et blanc, de kraft ou de carton non imprimé. Déchirez le carton en petits morceaux. Ne mettez pas le papier de couleur dans le compost.

Plantes et fruits malades

Certains jardiniers préconisent de ne pas composter les plantes malades, les feuilles mortes atteintes de maladies, les fruits malades ou les tiges et branchages malades, par crainte d'une contamination d'autres végétaux par l'intermédiaire du compost. Or, il est démontré que le compostage, puis l'incorporation dans la terre, détruisent ou inhibent les germes pathogènes des plantes (voir page 149).

Il faut aussi relativiser les risques, qui ne sont pas nombreux. Pensez un instant au fonctionnement d'un écosystème naturel comme la forêt : les végétaux morts tombés à terre se décomposent sur place sans que personne ne les retire. La nature fonctionne ainsi depuis des millions d'années, malgré la présence d'oïdium, d'insectes mangeurs de bois comme les grands capricornes, de chenilles...

Des risques de contamination demeurent pour certaines maladies, heureusement peu nombreuses. Certaines précautions sont donc nécessaires lors du compostage.

• Brûlez les végétaux morts ou atteints de maladies graves, mais rares, comme le pourridié (armillaire), un champignon décelable par ses « chapeaux » en touffes, qui s'attaque aux racines et au bois de nombreuses espèces d'arbres et d'arbustes. Ce champignon est toutefois détruit dans le compost à 50 °C. Les plantes atteintes de verticillium (dessèchement des branches et du tronc) doivent également être brûlées.

• Éliminez les branches des pommiers atteints de **chancre ;** cette maladie touche surtout certaines variétés sensibles et se développe davantage dans les sols compacts et humides.

• Brûlez les fruits atteints de **moniliose** (petites pustules blanches concentriques sur les fruits), en particulier les pommes, les poires, les prunes, les cerises, les pêches qui restent desséchées dans les arbres fruitiers, ce que l'on appelle des fruits « momifiés ».

Au potager, jetez ou brûlez certains légumes malades :

– les **tomates** totalement anéanties par des maladies comme le mildiou, l'alternariose, des maladies à virus, les pieds de **haricots** malades ;

– les **pommes de terre** fortement atteintes de mildiou, qui peuvent contaminer les nouveaux tubercules (le mildiou est cependant détruit dans le compost entre 44 et 65 °C) ;

– les **choux** victimes de la hernie ; cette maladie est plus fréquente en sol acide et peut persister plus de 10 ans dans le sol sous forme de spores ;
– tous les légumes en général lorsqu'ils ont été massivement victimes de ravageurs ou de maladies, ce qui est une situation exceptionnelle.

Pommes de terre

Les tubercules se décomposent difficilement et germent facilement dans le compost. Si vous les y jetez, coupez-les ou broyez-les.

Racines

Vous pouvez composter les racines des plantes indésirables coriaces comme le chiendent, le liseron, le pissenlit, l'ortie, la prêle, le rumex... Il suffit de les exposer auparavant quelques jours en plein soleil pour les faire mourir. Les racines sont particulièrement riches en éléments nutritifs qu'elles prélèvent à grande profondeur.

Traitements

Les plantes traitées récemment avec des produits chimiques sont à éviter car elles risquent de perturber le développement de l'activité biologique. Ne mettez pas au compost les tontes d'une pelouse venant de recevoir un désherbant sélectif.

Thuyas

Les tailles de thuyas et autres conifères ne doivent pas aller au compost (voir page 122). Réservez-les pour pailler.

Les racines coriaces peuvent être mises dans le compost à condition de les faire mourir en les laissant sécher quelques jours au soleil. Elles apportent des sels minéraux puisés en profondeur.

Tontes de pelouse

Voir page 114.

Annexe 2
Quels outils pour composter ?

Pour composter les déchets dans de bonnes conditions, il est nécessaire de disposer d'outils adaptés. Ce sont des outils ordinaires pour la plupart.

Les indispensables

Fourche

La fourche à quatre dents est indispensable pour charger les déchets à composter dans une brouette, les ajouter sur le compost et surtout remuer celui-ci régulièrement pour aérer et mélanger les matériaux.

Pelle ronde

Elle permet de charger facilement le compost mûr dans des seaux pour l'épandre dans le jardin.

Arrosoir et tuyau d'arrosage

Le tuyau d'arrosage muni d'un arroseur permet d'amener l'eau jusqu'à l'aire de compostage. Il n'a d'utilité que lors du montage du tas de compost. Pour un silo à compost, l'arrosoir est bien suffisant. Il sert aussi pour ajouter le purin d'ortie.

Brouette

Elle est indispensable, même dans un petit jardin, pour transporter les déchets, puis pour charger les seaux remplis de compost sans s'abîmer le dos. Une brouette sur pneu est plus souple.

Seaux

Un seau propre, pas trop grand sera laissé dans la cuisine pour recueillir les déchets organiques de la maison.

Des seaux de jardin serviront à charger le compost mûr et à l'épandre. Les larges seaux de ferme que l'on trouve dans les coopératives agricoles sont parfaits.

Tondeuse à gazon

La tondeuse est l'outil le plus adapté pour broyer la plupart des déchets du jardin pas trop durs et de faible section (voir page 44). Elle doit être équipée d'un moteur assez puissant à essence (3 à 4 kW).

Fig. 7 – Les outils indispensables

Les facultatifs

Silo à compost ou composteur

Le compostage en tas est très performant. Mais le bac à compost, appelé silo ou composteur, est bien utile dans les petits jardins. Vous pouvez l'acheter, notamment lors d'opérations communales groupées, ou le construire vous-même (voir page 138).

Bâche et autre couverture

Une bâche perméable (comme les voiles de paillage non tissés en polypropylène) est utile pour couvrir le tas de compost tout en laissant l'air circuler. Mais les meilleures couvertures du compost sont la paille ou les frondes de fougères.

Thermomètre

Le thermomètre de compost, type thermomètre de stérilisateur protégé dans un tube métallique, est utile pour suivre l'évolution de la température du compost, surtout pendant la phase d'échauffement.

Broyeur à végétaux

Il complète l'action de la tondeuse si vous souhaitez broyer des gros volumes de déchets et des branches de fort calibre (épaisseur d'un doigt et plus). Voir page 44.

Il existe de nombreux modèles à moteur électrique ou à essence. Choisissez un broyeur assez puissant, au moins 2 kW, possédant une haute goulotte de chargement et bien stable, donc assez lourd. Les modèles électriques actuels sont très performants et faciles d'entretien.
N'oubliez pas de vous protéger lors de son utilisation : lunettes, gants épais, casque de protection des oreilles contre le bruit. Portez des vêtements couvrant bien les jambes et les bras.

Le tamis ou crible

Il permet, si nécessaire, de tamiser le compost et d'éliminer les déchets grossiers peu décomposés comme les branches. La maille doit être de 13 mm environ. Dans la pratique, son emploi est peu commode et surtout peu utile dès lors que les déchets sont broyés avant d'être mis à composter et que le compostage se déroule rapidement. Il peut s'avérer utile pour obtenir un compost mûr et fin destiné à des usages particuliers comme les semis en caissettes, le rempotage, etc.

Annexe 3
Fabriquer son composteur

Si vous savez planter un clou avec un marteau, vous pouvez tout à fait vous lancer dans la fabrication d'un silo à compost.

Le modèle proposé ici est facile à fabriquer et très pratique.

Il comporte deux compartiments en bois de 1 mètre de côté. Comme le montre le schéma, chaque compartiment a trois côtés fixes tandis que le quatrième est amovible pour permettre de remplir ou de vider le compost facilement.

Voici maintenant les fournitures qu'il vous faut pour réaliser ce modèle :

– 36 planches de 1 mètre ;
– 24 planches de 0,97 mètre ;
– 12 planches de 2 mètres ;
– 12 montants de 1 mètre de hauteur et 5 x 5 cm de section.

Largeur des planches: 7,5 cm environ.

Épaisseur : 1 à 1,5 cm.

Environ 100 clous ou vis de 35-40 mm.

Si vous achetez le bois coupé aux bonnes cotes, il ne vous reste plus qu'à tracer sommairement le plan sur le sol, enfoncer les montants dans la terre et fixer les planches sur l'arrière, les côtés et la séparation centrale à l'aide

FIG. 8 – UN COMPOSTEUR FAIT MAISON

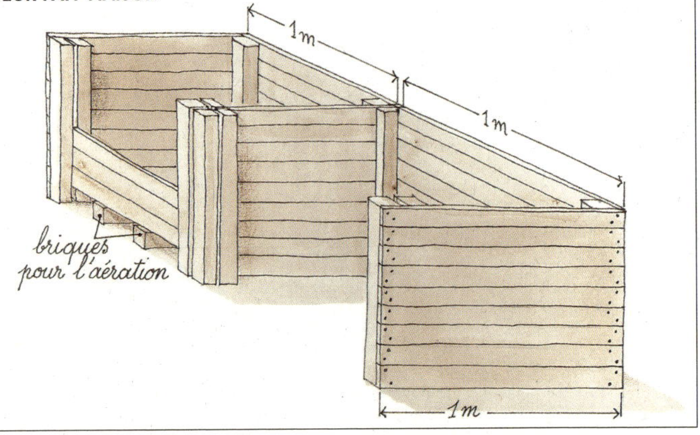

de clous ou de vis. Les lattes frontales (vous avez deviné qu'il s'agit des planches de 0,97 mètre) seront glissées au fur et à mesure que le tas de compost grossit.
L'entrée d'air à la base du silo est primordiale, et une des meilleures solutions consiste à poser la base des lattes frontales sur des briques, ce qui permet de faire entrer de l'air (voir schéma).
L'idée du double silo permet de disposer d'un compartiment à remplir tandis que dans l'autre le compost mûrit. On peut aussi se contenter d'un seul compartiment.

Annexe 4
Paillages végétaux avec les déchets du jardin

	Pour pailler	Durée de vie	Conditions d'utilisation
Tonte de pelouse	Toutes plantes, cultures potagères courtes, (haricots, pommes de terre, pois)	2 mois à plus de 6 mois selon l'épaisseur.	- Faire sécher quelques jours pour éviter la formation d'une couche imperméable et putride. - Ne pas laisser l'herbe monter à graines.
Feuilles mortes épaisses et larges	Arbres, arbustes, haies, autres plantes si les feuilles sont broyées. Pas d'utilisation au potager.	8 à 12 mois selon l'épaisseur.	– Conserver les branches basses des arbustes pour retenir les feuilles en cas de vent et contre les oiseaux.
Feuilles mortes petites ou de décomposition rapide	Rosiers, fleurs vivaces et annuelles. Arbustes et haies.	6 à 12 mois selon l'épaisseur.	– Idem.
Tiges sèches de fleurs	Rosiers, arbustes, autres fleurs.	6 à 12 mois selon l'épaisseur.	– Éviter de pailler les mêmes fleurs pour éviter la propagation d'éventuels ravageurs et maladies.
Branches broyées d'hiver	Toutes les plantes en particulier les fleurs vivaces, les arbustes, fraisiers, framboisiers. Pas autour des très jeunes plantations.	1 an.	– Éviter d'épandre des branches broyées de rosiers au pied des rosiers. – Ne pas broyer les branches mortes ou malades. – Ne pas accumuler de broyat autour de la base des plantes. – Épandre un peu de compost avant de pailler.
Branches broyées de printemps	Haies, arbustes bien installés.	6 mois à 1 an.	– Convient mieux en compostage qu'en paillis. – Pour l'utiliser en paillis, il vaut mieux faire fermenter le broyat pendant quelques mois avant de l'épandre. – Ne pas broyer de branches malades (chancre, pourridié...).
Branches taillées de thuyas et de cyprès	Haies, arbustes, rosiers plantés depuis plusieurs années.	1 an.	– Le broyage (avec une tondeuse) permet de les étaler plus facilement. – Ne pas épandre sur des plantes jeunes dont l'enracinement est encore superficiel.

	Épaisseur	Avantages	Inconvénients
	– Herbe humide : maximum 3 cm – Herbe sèche : jusqu'à 8-10 cm sous les arbustes, moins ailleurs	– Fournit de l'azote en se décomposant. – Paillage abondant.	– Forme des amas, dégage des odeurs si l'herbe n'est pas assez sèche et en trop forte épaisseur.
	Quelques centimètres.	– Se décompose lentement. – Recycle les feuilles épaisses moins favorables au compostage. – Abrite les insectes auxiliaires du jardin en hiver.	– Peut favoriser la présence de campagnols en zone favorable.
	Idem.	– Se décompose rapidement et fournit un excellent humus.	Idem.
	Idem.	– Se décompose assez rapidement.	
	5 cm.	– Se décompose lentement.	– Le broyat issu de végétaux riches en tanins, (chêne châtaignier, résineux…) peut inhiber la croissance des jeunes plantations. Si nécessaire, le laisser en tas pendant un an avant de l'épandre à leur pied.
	3 cm.	– Paillis fertilisant très riche en sels minéraux.	Peu chauffer si le broyat est épandu en couche trop épaisse.
	3 cm.	– Inhibe la germination des herbes indésirables. fort pouvoir désherbant.	Éviter de pailler les thuyas et cyprès en cas de maladies ou de parasitismes de ces arbres.

Annexe 5
Des déchets qui deviennent humus et nourriture des plantes : un processus fascinant

Des déchets organiques au compost mûr

Dès que les déchets organiques biodégradables sont entassés, ils font l'objet d'une rapide transformation sous l'action d'une multitude d'organismes vivants. Différentes phases se succèdent rapidement au cours du processus de compostage. Elles dépendent de la nature des déchets et des conditions de leur transformation. En règle générale, lorsque le compostage est bien maîtrisé, on distingue trois phases principales.

Première phase : la décomposition bactérienne

Le processus de compostage démarre par la dégradation des tissus végétaux jeunes, les plus tendres, comme l'herbe fraîche, les épluchures, les plantes gorgées de sève (tailles broyées des arbustes de printemps...), les fruits aqueux, les feuilles vertes.
Ces tissus contiennent des substances simples, fermentescibles et facilement dégradables par les micro-organismes : beaucoup d'azote sous forme libre (nitrates, urée) ou d'acides aminés, des sucres simples (sucres solubles, amidon, hémicellulose), des sels minéraux présents en abondance dans les cellules jeunes comme le calcium, le magnésium (dans la chlorophylle), le potassium, le phosphore, le soufre.
Au cours de cette première phase de décomposition, le nombre de bactéries et de levures augmente considérablement en quelques jours. Elles tirent leur énergie des sucres fermentescibles et construisent leurs protéines à partir de l'azote et des sels minéraux issus des matières végétales vertes et jeunes. Cette forte activité dégage une chaleur d'autant plus intense que le volume du tas de compost est important et que la chaleur est confinée. La température peut atteindre facilement 60 °C, voire 70 °C.
Cette phase s'accompagne d'un fort dégagement de vapeur d'eau, de

dioxyde de carbone (gaz carbonique) issu de la transformation des matières carbonées simples (sucres, amidon) en présence d'oxygène et parfois d'un peu d'ammoniac provenant des substances azotées (urée, acides aminés, protéines). Le volume du tas diminue, du fait de ces pertes gazeuses et du tassement des déchets (voir figure 4 page 82).
Au cours de cette phase, les éléments fermentescibles et les substances solubles présentes dans les déchets organiques, en particulier l'azote, le soufre, le phosphore soluble, sont dégradés puis « réorganisés » à l'intérieur des cellules des micro-organismes, évitant ainsi leur perte par lessivage ou par voie gazeuse.

Deuxième phase : la décomposition par les champignons et les vers rouges

Au bout d'un certain temps, allant de quelques jours à deux ou trois semaines, lorsque les éléments fermentescibles facilement décomposables sont dégradés, l'activité bactérienne diminue, la température baisse et se stabilise à un niveau légèrement supérieur à celui de l'air ambiant. L'activité biologique se concentre maintenant sur les éléments plus difficiles à décomposer mais qui se sont humidifiés et se sont ramollis au cours de la première phase.
Il s'agit des matériaux fibreux, ligneux, comme la cellulose et la lignine souvent imprégnée de tanins et de résines. Ces substances évoluées et com-

Cellulose et lignine

La cellulose est le principal constituant des parois des vaisseaux conducteurs des plantes. Elle se dégrade pour partie en sucres simples sous l'action de la cellulase, une enzyme spécifique présente dans certaines bactéries et champignons microscopiques. Pour cela, le compost doit être aéré, bien pourvu en calcium et non acide. Elle donne aussi naissance à l'humus microbien (c'est-à-dire synthétisé par les bactéries), composé de produits transitoires et qualifié souvent d'« humus jeune ». Une fois le compost épandu, l'humus microbien améliore fortement la structure de la terre et libère rapidement les éléments nutritifs que puiseront les plantes.
La lignine est un polymère carboné qui imprègne les vaisseaux du bois et les solidifie. Résistante, elle se dégrade lentement sous l'action des champignons. Dans le compost, elle se fragmente en molécules plus simples. Sa transformation se poursuit ensuite dans le sol et fournit beaucoup d'humus stable (humus au sens strict) réalisé par recondensation des molécules organiques simples. À condition, là aussi, que le compost et la terre soient bien aérés, peu acides et riches en azote.

plexes sont les principaux constituants des tissus végétaux âgés comme les tiges sèches de fleurs, la paille, les branches et le bois. Elles sont riches en carbone mais pauvres en azote. Leur dégradation est plus longue.
Cette phase consiste en une fragmentation de plus en plus fine des matières fibreuses sous l'action conjuguée des champignons, de divers insectes minuscules comme les collemboles et leurs larves, d'acariens, de cloportes, de vers enchytréides, et surtout des vers rouges du fumier.
La part de l'activité bactérienne et des levures devient moins importante et la température reste peu élevée. L'activité bactérienne se développe à présent à l'intérieur du tube digestif des vers et autres petits animaux du compost, puis dans leurs excréments.
La décomposition des matériaux fibreux riches en lignine sera d'autant plus rapide qu'ils auront été broyés préalablement, qu'il y aura suffisamment d'azote dans le tas de compost et que le compost en formation restera humide, mais sans excès, non acide et aéré. Dans ces conditions, la dégradation de la lignine fournira un humus d'excellente qualité.

Troisième phase : recomposition et synthèse partielle de l'humus
C'est une phase de mûrissement du compost qui ne se différencie pas de la précédente par des signes visibles nets. Elle dure de 2 à 6 mois, voire plus si le compostage n'est pas bien maîtrisé.
Les produits issus de la dégradation bactérienne des éléments fermentescibles et ceux issus de la phase de dégradation partielle des matières fibreuses vont poursuivre leur transformation.
Une partie se minéralise en éléments minéraux simples qui imprègnent la

Les vers rouges du fumier sont spécialisés dans la décomposition des litières organiques et du compost. Ils vivent dans la litière à la surface du sol. Ce ne sont pas des « laboureurs » contrairement aux lombrics du sol qui vivent dans la terre.

masse du compost. Une autre partie repart dans l'atmosphère ou se perd par lessivage. Une autre enfin amorce dans le même temps un lent processus de recombinaison.

Cette recombinaison, c'est l'humification. Elle aboutit peu à peu à la synthèse d'un ensemble de molécules humiques très complexes formées par un assemblage de molécules organiques composées d'hydrates de carbone combinés à des éléments minéraux comme l'azote.

FIG. 9 – ÉVOLUTION DE LA TEMPÉRATURE, DU pH, ET DES BESOINS EN OXYGÈNE AU COURS DU COMPOSTAGE (D'APRÈS M. MUSTIN)

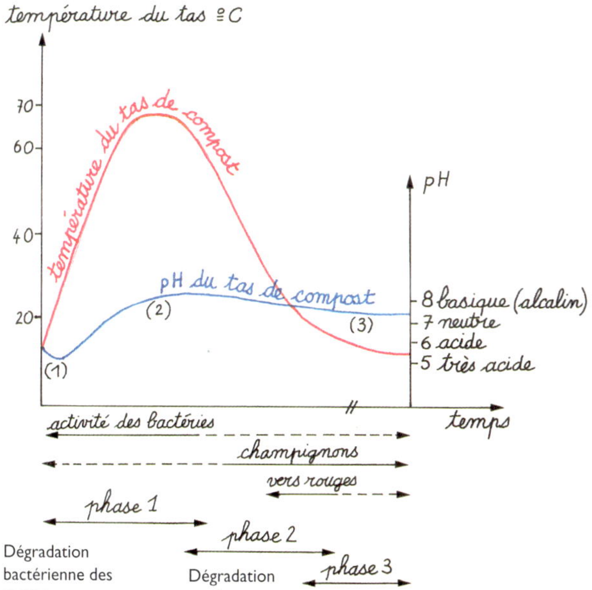

Dégradation bactérienne des matières fermentescibles (sucres, lipides, acides aminés). Besoins en oxygène importants.

Dégradation par les champignons de la cellulose et de la lignine. Besoins en oxygène modérés.

Maturation du compost. Début de synthèse d'humus. Régression des vers rouges et autres animaux en fin de phase. Besoins en oxygène faibles.

Variation de l'acidité

(1) Le pH descend (l'acidité augmente) du fait de la production d'acides carboniques (dioxyde de carbone + eau) et d'acides organiques à partir des sucres fermentescibles.

(2) Le pH remonte (l'acidité baisse) grâce à la transformation des protéines en ammoniac et à la libération des sels minéraux positifs (Ca^{++}, K^{+}...).

(3) Le pH en fin de compostage est d'environ 7,5. Le compost permet de corriger l'acidité des sols.

La nature de ces molécules humiques et leur intérêt pour la fertilité du sol dépendent des conditions du milieu – humidité, aération, acidité – d'où l'importance pour le jardinier de comprendre et de maîtriser les quelques conditions essentielles pour réussir le compostage (voir page 24).
Dans le compost, au cours des phases 2 et 3, les matières fibreuses ligneuses ne sont pas encore complètement dégradées : elles sont surtout fragmentées. Au fil du temps, la fragmentation s'affine et le compost prend peu à peu la structure grumeleuse d'un terreau.
La synthèse finale de l'humus se réalise dans le sol.
La quantité d'humus formée sera d'autant plus importante que les déchets organiques d'origine contiennent davantage de matières fibreuses riches en cellulose et en lignine.

Le compost, pour une terre fertile et des plantes saines

Le compost améliore la structure de la terre

Le compost est essentiel pour entretenir et améliorer la terre des jardins. Tout comme le fumier, autre source d'humus, il donne du corps aux terres légères et allège les terres lourdes.

DES PONTS ENTRE L'ARGILE ET L'HUMUS
La présence d'un peu de calcium dans le sol solidifie la liaison entre l'argile et l'humus et augmente la stabilité de la structure grumeleuse. Pensez-y en montant votre tas de compost.

Les terres légères sont le plus souvent des terres sableuses de structure particulaire, peu fertiles et qui se dessèchent. Le compost cimente les particules de sable entre elles, améliore la rétention de l'eau et des éléments nutritifs. Des apports très réguliers sont nécessaires pour maintenir la cohésion de ces terres et leur fertilité.
Les terres lourdes sont riches en argile et en limon. Le compost, et l'activité biologique qui en découle, améliore leur structure en favorisant leur fragmentation en petits agrégats plus faciles à travailler. Il augmente la porosité et facilite donc la circulation de l'eau et de l'air ainsi que le développement des racines.
Après un apport de compost ou de déchets végétaux jeunes (engrais verts par exemple), la biomasse des êtres vivants du sol (micro-organismes, arthropodes, lombrics…) augmente considérablement. Les êtres vivants se nourrissent du compost et produisent massivement des substances organiques complexes (polysaccharides des bactéries, mucus des lombrics, éléments transitoires de la synthèse de l'humus) qui enrobent les particules fines de la terre (argile, limon, sable, fins débris végétaux) et les soudent solidement entre elles. Les filaments des champignons et les radicelles des plantes renforcent la cohésion de ces agrégats.

Compost, terreau, fumier, humus, quelles différences ?

Le compost mûr est un produit organique complexe, relativement stable, riche en molécules humiques, issu de la fermentation en présence d'air de matières organiques biodégradables, principalement d'origine végétale : déchets végétaux du jardin et de la cuisine, fumier, etc. La partie organique du compost peut être considérée comme de l'humus en cours de formation.
En maraîchage, le **terreau** désigne le compost très mûr, très affiné, stabilisé. Il possède une structure friable fibreuse ou grumeleuse très fine, liée à la fragmentation et à la dégradation des constituants riches en fibres : feuilles mortes, branches broyées, paille...
Le terreau issu de compost est un support de culture très riche et favorable à l'enracinement des plantes.
Le terreau de feuilles est issu de la lente dégradation des feuilles d'arbres mises en tas (voir page 111).
Le terreau horticole du commerce n'a rien de commun avec le compost. Il est fabriqué à partir de tourbes et d'écorces de pin compostées lentement. Ce terreau, qualifié de diverses manières selon les usages (Universel, Plantation, Plantes vertes, Rosiers...), n'est qu'un support de culture qui remplace la terre arable. Il est fort peu nutritif pour les plantes. Les fabricants lui ajoutent des engrais chimiques ou du compost de fumier et d'algues pour l'enrichir.
Le fumier est un mélange de déjections animales et de litière végétale, principalement de la paille, parfois de la sciure.
L'humus est le résultat de la dégradation des constituants des déchets organiques végétaux (en particulier les végétaux âgés riches en fibres de cellulose et de lignine) en éléments plus simples qui se réorganisent ensuite en molécules organiques plus ou moins complexes sous l'action de facteurs biologiques et physicochimiques. Les déchets animaux ne se transforment pas en humus, mais peuvent contribuer à sa formation en apportant de l'azote. La phase finale d'humification se réalise dans le sol après épandage du compost, grâce aux micro-organismes du sol et aux vers de terre. Le compost se transforme alors en humus stable (humus au sens strict) qui imprègne la terre et lui donne sa couleur. L'humus est une forme de stockage d'éléments carbonés, source d'énergie pour la vie du sol, et d'éléments minéraux comme l'azote qui, après minéralisation de l'humus, serviront de nourriture aux plantes.

Origine du mot compost et du compostage

Le mot compost est issu de l'adjectif *composte*, d'origine latine, qui signifiait mêlé, composé, mis ensemble. Au XIIIe siècle, en Normandie et en Angleterre, il est devenu un nom masculin pour désigner un engrais composé d'un mélange de fumier et de détritus. Il a donné naissance au XIVe siècle au verbe composter. Il a connu une extension géographique de son usage au cours du XVIIIe siècle.
Le mot compote a la même origine et a conservé son sens premier pour désigner un mélange d'aliments, puis de fruits.
L'origine du mot montre l'ancienneté de la pratique de transformation des fumiers et des déchets domestiques (tous décomposables à cette époque) en matières fertilisantes. Au cours du XIIe siècle, les Templiers maîtrisaient déjà parfaitement le compostage des déchets forestiers.
La pratique elle-même du compostage est encore beaucoup plus ancienne. De quand date-t-elle ? Des débuts de l'agriculture et de l'élevage au néolithique ? Les premières traces de recyclage des matières organiques nous viennent du Proche-Orient, notamment aux portes de Jérusalem, et de Chine. Les Chinois sont depuis longtemps passés maîtres dans l'art de transformer les déchets organiques, y compris les excréments humains, par compostage ou par fermentation méthanique. Les connaissances orientales furent exploitées et développées par l'agronome anglais Sir Albert Howard qui travailla en Inde de 1905 à 1931. Il exposa le fruit de ses recherches sur sa méthode de compostage appelée le procédé « Indore » dans son célèbre livre *Le Testament agricole – pour une agriculture naturelle*. Nombre d'observations et de techniques qu'il développa dans le site d'Indore servirent de bases aux méthodes actuelles de compostage des déchets organiques. Il analysa notamment les conséquences de l'apport d'humus sur l'amélioration de la fertilité et sur la protection des plantes contre les maladies et les ravageurs.

Les lombrics, creuset de la fertilité

La liaison fine entre l'argile du sol et l'humus naissant s'opère pour l'essentiel dans le tube digestif des vers de terre, véritable creuset de la fertilité, aboutissant à la formation de ce que l'on appelle le complexe argilo-humique.
La terre prend peu à peu une structure grumeleuse, c'est-à-dire souple, aérée, accessible aux racines, facile à travailler. Les grumeaux les plus fins (moins de 2 mm) proviennent directement des déjections des vers. C'est du « couscous de terre ». Cette structure est solide, elle résiste bien aux pluies et aux excès d'eau, contrairement à ce qu'on observe couramment

Les turricules des lombrics : un gisement d'engrais

Les turricules (déjections) rejetés par les vers de terre contiennent davantage d'humus et de sels minéraux que la terre environnante : 4 fois plus d'azote, 7 fois plus de phosphore, 11 fois plus de potasse, 3 fois plus de magnésium et 2 fois plus de calcium. La forte activité bactérienne qui règne dans les turricules rend ces éléments très disponibles pour les plantes, qui s'y approvisionnent en priorité (voir aussi figure 10 page 103).

avec une terre limoneuse ou argileuse pauvre en humus. Elle renforce considérablement la fertilité du sol et la bonne santé des plantes cultivées. Les innombrables vers de terre, laboureurs infatigables, travaillent la terre bien mieux que n'importe quelle bêche ou motoculteur. Ils creusent des galeries et des cavités dans le sol, remuent la terre, rejettent leurs déjections, sous forme de turricules de structure grumeleuse, à la surface du sol et surtout dans des cavités et dans leurs galeries (de 9 à 80 kg rejetés par m^2 et par an, selon la richesse du sol en lombrics).

Le compost assainit la terre et améliore la santé des plantes

Le compost agit favorablement sur la régulation des bactéries, des champignons et des nématodes pathogènes présents dans le sol et augmente la résistance des plantes.

Cette action prophylactique est la conséquence de facteurs physiques, chimiques et biologiques qui se développent après l'épandage du compost

Les vers de terre sont les principaux artisans de la structure grumeleuse, facile à travailler et fertile, obtenue par la rencontre de l'argile et du compost.

FIG. 10 – FORMATION DU COMPLEXE ARGILO-HUMIQUE À L'INTÉRIEUR DU TUBE DIGESTIF DES VERS DE TERRE.

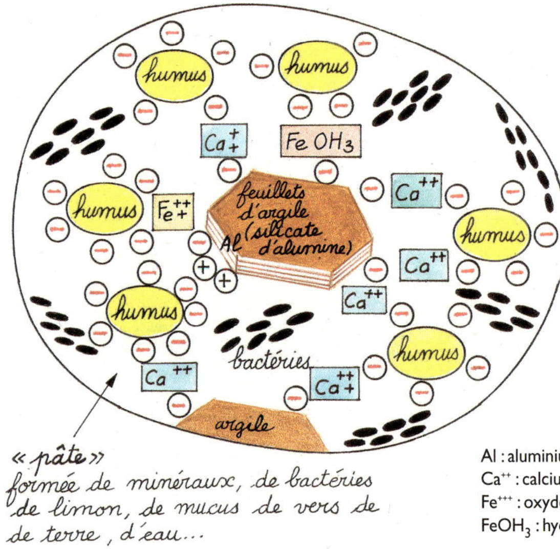

Al : aluminium
Ca^{++} : calcium
Fe^{+++} : oxyde ferrique
$FeOH_3$: hydroxyde de fer

et au cours de sa transformation en humus. Elle réduit considérablement les risques de transmission de maladies à partir des végétaux, des fruits ou des légumes malades. Elle vient compléter l'action favorable de la température qui se dégage lors du compostage en tas.

Des micro-organismes antagonistes des pathogènes

Une fois épandu et incorporé à la surface de la terre, le compost est retravaillé par les animaux et les micro-organismes du sol et enfoui en profondeur. On observe alors une augmentation spectaculaire des micro-organismes chargés de digérer et de transformer le compost en humus.

Par le simple fait de la compétition nutritionnelle qu'ils exercent et des sécrétions antibiotiques et des enzymes qu'ils sécrètent, ces micro-organismes détruisent ou inhibent les bactéries et champignons pathogènes présents dans le sol ainsi que ceux apportés dans le compost par des plantes malades. Ils empêchent également le « réveil » des formes de résistance de ces pathogènes (spores, cellules enkystées, etc.).

Le compost lui-même apporte des quantités considérables de micro-organismes utiles au bon développement des plantes. Il stimule la protection des racines contre les attaques des pathogènes grâce aux bactéries vivant au pourtour des racines (rhizosphère) et aux champignons vivant en symbiose avec les racines (les mycorhizes).

Les micro-organismes du sol sont nos amis

La très grande majorité des micro-organismes du sol (plusieurs dizaines de millions par gramme de terre) vit à partir de la matière organique morte en cours de décomposition et de l'humus. Seule une infime partie est pathogène et se développe dans certaines conditions aux dépens des plantes vivantes.

Des lombrics pour enterrer les feuilles

L'expérience montre que dans un jardin entretenu d'une manière naturelle, bien pourvu en humus et bénéficiant d'une forte activité des vers de terre, les feuilles mortes tombées sous les arbustes, les arbres fruitiers et les rosiers sont toutes enfouies en profondeur par les lombrics avant la fin de l'hiver. Une fois sous terre, les germes des champignons pathogènes (tavelure, oïdium, maladie des rosiers…) sont mis en contact avec la microflore antagoniste du sol. Tout risque de contamination primaire des plantes au printemps suivant à partir des déchets végétaux est ainsi éliminé. Dans ces conditions, le ramassage des feuilles contaminées en vue de les brûler ne présente pas d'intérêt et peut être évité sans risque ultérieur pour les plantes.

DES LOMBRICS MICROBIOLOGISTES
Les éléments fins du compost et les éléments fibreux fragmentés mais peu transformés sont ensemencés en bactéries à l'intérieur du tube digestif des vers et des autres animaux du sol (moins nombreux que les lombrics). Cela active leur transformation en substances humiques et la libération des sels minéraux qu'ils contiennent.

Des substances inhibitrices

Certains déchets végétaux riches en tanins comme les écorces de feuillus ou le marc de raisin contiennent des substances toxiques particulières qui agissent contre les nématodes et les champignons parasites, notamment contre le mildiou . Ils favorisent également des champignons antagonistes qui s'opposent au développement de la microflore pathogène du sol.
Par ailleurs, un compost ayant un rapport carbone/azote élevé limite les excès d'azote minéral du sol. Or ce dernier, en particulier sous forme de nitrates, augmente la sensibilité des plantes cultivées aux maladies. À l'inverse, du compost jeune trop riche en azote ammoniacal (fumier frais…) favorise les maladies et les nématodes.

Le compost, engrais naturel idéal

Le compost est nécessaire à la santé des plantes et à la beauté du jardin. Il est utile autant dans le potager et le verger que dans le jardin d'ornement. Les rosiers sont parmi les plantes les plus gourmandes et il ne peut y avoir de belles fleurs vivaces sans apport de compost bien décomposé.

Dans un jardin cultivé avec des engrais chimiques, les plantes sont souvent moins belles et toujours plus sensibles aux ravageurs et aux maladies, alors que des plantes cultivées dans un jardin amendé régulièrement avec du compost sont plus opulentes et en meilleure santé. Les fruits et légumes sont plus sains et de meilleure qualité nutritive.

Le compost contient tout ce dont les plantes ont besoin : azote, phosphore, potasse, calcium, magnésium et de nombreux oligoéléments.

Le fait que de nombreuses bactéries et animaux du sol, comme les vers de terre, se nourrissent de compost n'est pas une perte pour les plantes cultivées, bien au contraire ! Tout au long du processus de transformation des déchets organiques en compost puis en humus, des sels minéraux sont libérés par les micro-organismes du sol et mis ainsi à la disposition des racines des plantes. L'humus lui-même, stocké sur les particules du sol, se désagrège peu à peu grâce à l'activité biologique (bactéries notamment) et libère les sels minéraux qu'il contient, en particulier l'azote.

Les éléments nutritifs du compost sont moins concentrés que ceux des engrais chimiques, mais ils sont beaucoup plus efficaces du fait de la forte activité biologique du sol engendrée par le compost. Les bactéries et les champignons du sol, stimulés par l'apport de compost, améliorent la capacité des plantes à absorber les éléments minéraux et à synthétiser leurs propres substances.

La composition précise du compost varie en fonction des déchets utilisés et du processus de compostage. Certains matériaux sont pauvres en certains éléments minéraux, tandis que d'autres en sont bien pourvus. Il est donc important d'utiliser une bonne diversité de déchets organiques pour réaliser un compost équilibré et pourvu de tous les éléments nutritifs dont les plantes du jardin ont besoin.

Les plantes absorbent l'essentiel de leurs aliments sous forme de sels minéraux : l'azote sous forme de nitrates, le phosphore, le potassium, etc. Dans un sol riche en humus, elles prélèvent en priorité les substances solubilisées par l'activité des micro-organismes à partir des réserves organiques et minérales du sol, plutôt que les substances apportées par les engrais chimiques solubles. Elles sont aussi capables d'absorber directement certaines molécules organiques et humiques qui contiennent des éléments nutritifs (acides aminés, humo-phosphates...).

Le compost augmente les réserves nutritives du sol et favorise leur utilisation

Un sol riche en humus retient beaucoup plus d'éléments minéraux qu'un sol pauvre, et il les met à l'abri des pertes par lessivage lors des longues périodes de pluie. Cette augmentation de la capacité d'absorption et d'échange du sol est liée à la création du complexe argilo-humique, combinaison d'argile et d'humus capable de fixer une grande quantité d'éléments minéraux sous forme de cations (ions positifs de calcium, de magnésium, de sodium, de fer, d'aluminium, de cuivre, de zinc...) et de les mettre à disposition des plantes en fonction de leurs besoins.

Grâce aux bactéries et à l'activité biologique stimulée par l'apport de compost, les éléments nutritifs souvent accumulés dans les vieilles terres cultivées et ceux contenus dans la roche sous-jacente sont solubilisés peu à peu et rendus accessibles aux racines.

C'est le cas pour le potassium, très abondant dans l'argile mais souvent hors d'atteinte des racines, pour le phosphore présent en abondance du fait des excès d'engrais phosphoriques apportés au siècle dernier mais bloqué dans le sol sous forme insoluble, pour le calcium et le magnésium, présents en faible quantité dans les sols acides, et pour la plupart des oligoéléments comme le fer, le bore, le molybdène, le manganèse.

Dans le même temps, des lombrics vivant en profondeur remontent vers la surface d'importantes quantités de terre du sous-sol.

En surface, certaines bactéries, les azotobacters et, en symbiose avec les légumineuses, les rhizobiums, assimilent directement l'azote de l'air, au printemps et en été, et le fixent dans le sol en quantité très importante sous forme de nitrates assimilables par les plantes. D'autres bactéries enrobent les poils absorbants des racines et favorisent l'absorption des sels minéraux.

Tous ces mécanismes naturels permettent de comprendre pourquoi, en présence d'apports réguliers de compost, les engrais chimiques sont inutiles au jardin.

LA COULEUR DE LA TERRE

L'humus a une couleur foncée. Il se lie à l'argile et aux oxydes de fer et d'aluminium du sol, ce qui donne à la terre arable sa couleur brune caractéristique.

Le compost : une nourriture à renouveler

La structure grumeleuse du sol n'est pas immuable. En effet, l'humus se minéralise à raison de 2 % par an sous l'effet de la flore microbienne et cette vitesse est accentuée par le travail régulier du sol et les cultures intensives.

Avec la disparition de ces éléments, la terre se tasse lentement, redevient compacte, moins perméable aux racines, à l'air et à l'eau, moins nutritive. La fertilité baisse et les plantes cultivées souffrent. Les terres légères pauvres en argile redeviennent vite improductives.

Pour éviter cette évolution naturelle, il faut apporter au sol de quoi renouveler son stock d'humus et compenser le prélèvement des éléments minéraux par les plantes. C'est le rôle du compost apporté régulièrement dans le jardin, et des cultures d'engrais verts dans le potager et le verger.

Le compost et l'humus retiennent l'eau

Le compost et l'humus améliorent la rétention de l'eau dans le sol et sa disponibilité pour les plantes. Les terres sableuses tirent bénéfice d'apports réguliers et importants de compost, mais à condition de ne pas le laisser se dessécher pendant l'été car, une fois sec, il se réhydrate difficilement. Couvrez-le avec un paillis pour limiter l'évaporation du sol.

Quant aux terres argileuses, le compost favorise leur structuration en petits agrégats dotés d'une forte porosité ; elles deviennent ainsi plus perméables en hiver, et se dessèchent moins en été.

Annexe 6 Les principaux êtres vivants responsables de la transformation des déchets organiques

Les êtres vivants du compost et du sol assurent trois séries d'actions de décomposition des déchets organiques :
– la fragmentation par les vers, les acariens, les insectes… ;
– la digestion, transformation chimique par les enzymes des bactéries, des champignons, et par les sécrétions dans les tubes digestifs des animaux ;
– l'incorporation dans le sol, lorsque le compost est épandu, par les vers de terre et les microbes du sol.

Les bactéries

Dans un sol fertile, le nombre de bactéries varie de quelques dizaines de millions à un milliard par gramme de terre. Les bactéries sont formées d'une seule cellule et peuvent se multiplier très rapidement et envahir très vite le compost en formation, mais elles ne peuvent pas se déplacer toutes seules. Dans la nature, elles profitent des champignons et des animaux pour envahir les litières de feuilles mortes. Dans le compost, c'est le brassage des déchets à l'aide d'une fourche qui permet leur dissémination. Ce sont les micro-organismes les plus nombreux et les plus actifs du compost. Les espèces de bactéries qui colonisent le compost ont besoin d'oxygène : elles sont aérobies. Elles digèrent les aliments facilement dégradables (protéines, sucre, hémicellulose…) contenus dans les déchets organiques en sécrétant des enzymes à l'extérieur de leur cellule. Les substances solubles issues de cette digestion traversent la paroi cellulaire des bactéries et les nourrissent. Ce mode de digestion nécessite la présence d'eau dans le compost en quantité suffisante et sa protection contre le dessèchement.
Les **actinomycètes** sont des sortes de bactéries ramifiées comme des champignons et, comme eux, elles ont la possibilité de dégrader la cellulose et la lignine, les principaux constituants du bois. Ils acceptent des conditions de vie plus difficiles que les bactéries.

Les champignons

Ils peuvent être unicellulaires comme les levures, ou composés de nombreuses cellules organisées en chaîne, appelées mycélium, comme les moisissures et les pourritures blanches des champignons supérieurs qui forment des « chapeaux ». Le mycélium des moisissures forme un feutrage recouvrant la matière organique qu'il consomme.

Dans la nature, la plupart des champignons (mais pas les moisissures) vivent de la matière végétale morte et sont capables de digérer la cellulose et la lignine du bois. Seules quelques espèces de champignons sont parasites des plantes vivantes (mildiou, fusariose...) ; elles ne se développent pas dans le compost.

La plupart des champignons du sol et du compost excrètent des substances, notamment des antibiotiques, qui jouent un rôle important pour l'équilibre sanitaire du sol.

Les champignons ont besoin de moins d'eau que les bactéries et acceptent aussi les milieux plus acides ou franchement basiques. Ils sont les maîtres du compostage dans un tas de déchets secs, mal mélangés ou pauvres en azote.

Les nématodes

Ce sont des sortes de vers de moins de 1 mm de longueur. De nombreuses espèces se développent dans le compost et les litières et se nourrissent de tissus végétaux morts. certaines espèces du sol sont parasites des racines.

La présence de « chapeaux » ou de mycélium de champignon indique un substrat trop sec ou trop pauvre en éléments fermentescibles.

Les vers rouges

Les vers rouges du fumier et du compost sont des lombrics spécialisés dans la dégradation des déchets organiques humides. Ils ne peuvent pas vivre en pleine terre. À l'inverse, les gros lombrics du sol ne peuvent pas vivre dans un tas de compost. L'espèce la plus courante est un petit ver de quelques centimètres de longueur, rouge avec des rayures plus foncées, appelé *Eisenia fetida*. Il ingère de grandes quantités de déchets frais et les ensemence en micro-organismes.
Ces vers se déplacent et prolifèrent très rapidement lorsqu'ils découvrent une source de nourriture. Lorsque la disette arrive, par exemple lorsque le compost est mûr, ou lorsque la température est excessive, ils pondent des œufs résistants avant de mourir et de se décomposer à leur tour.

Les enchytréides

Ce sont des vers primitifs de 1 à 5 mm, très nombreux dans la litière forestière et le compost de feuilles. Ils se nourrissent du contenu cellulaire des feuilles mortes dans lesquelles ils creusent des galeries. Ils rejettent leurs déjections sous forme de nombreuses boulettes fécales. Ils sont actifs dans la dégradation des feuilles mortes et la fabrication du terreau de feuilles, même lorsqu'il fait froid ou que le substrat est acide. En revanche, ils redoutent la sécheresse.

Les cloportes

Ce sont des crustacés terrestres qui consomment les végétaux morts riches en cellulose et en lignine qu'ils fragmentent en menus morceaux, préparant en quelque sorte le travail d'organismes plus petits. Ils préfèrent les endroits sombres et humides mais supportent les milieux plus secs. Ils abondent parfois dans les tas de compost riches en feuilles et un peu secs, mais sont rares dans les composts humides et bien équilibrés.

Les acariens oribates

Ce sont des arachnides, comme les araignées, mais beaucoup plus petits (moins de 2 mm). De nombreuses espèces dégradent les feuilles mortes et le bois mort des litières forestières, en particulier les aiguilles de pin. Ils consomment aussi le mycélium des champignons.

Les insectes

Les **collemboles** sont des insectes primitifs, dépourvus d'ailes, de moins de 5 mm de longueur. Ils vivent dans les litières forestières et les composts riches en feuilles et en éléments ligneux qu'ils dégradent et fragmentent. Ils se nourrissent aussi de mycélium et des boulettes fécales rejetées par les autres animaux.

Les **larves de diptères** sont des asticots provenant des œufs pondus dans le compost par les moucherons et les mouches. Elles dégradent et fragmentent les déchets végétaux riches en azote et les déchets animaux (viande, excréments). Elles sont souvent très nombreuses dans les composteurs, jusqu'à devenir gênantes. Mais elles préparent le travail plus fin des bactéries et constituent un maillon indispensable dans la chaîne de décomposition du compost.

Les mollusques

Les limaces et les escargots s'installent souvent en périphérie du compost, le long des parois du composteur ou sous la bâche du tas de compost. Ils y consomment les déchets verts et, comme tous les autres animaux du compost, les dégradent en éléments plus fins imprégnés de bactéries et de champignons.

FIG. 11 – LES PRINCIPAUX ÊTRES VIVANTS RESPONSABLES DE LA DÉGRADATION DES MATIÈRES ORGANIQUES

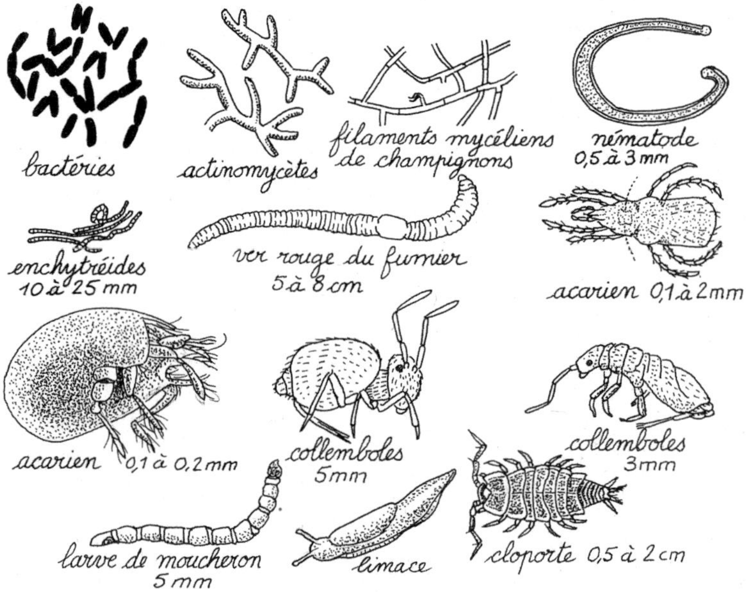

Pour mettre en pratique

Adresses utiles

Centre écologique Terre vivante

Domaine de Raud, 38710 Mens (50 km au sud de Grenoble).

Tél. 04 76 34 80 80, fax 04 76 34 84 02.

E-mail : terrevivante@wanadoo.fr

Site internet : www.terrevivante.org

Centre écologique ouvert au public de mai à octobre (se renseigner sur les dates d'ouverture).

Pour apprendre à faire son compost, à jardiner bio, à économiser l'énergie, à construire et rénover sa maison de manière écologique, à gérer l'eau, etc.

Ademe (Agence de l'environnement et de la maîtrise de l'énergie)

2, square Lafayette, BP 406, 49004 Angers cedex 01.

Tél. 02 41 20 41 20, fax 02 41 20 41 97.

Dans certaines régions, l'Ademe participe à des opérations de distribution de composteurs aux jardiniers.

Fabricants et vendeurs de composteurs par correspondance

Gardigame (fabricant de composteurs en bois)

Fabrique des Gavottes, BP 17, 39220 Bois-d'Amont, tél. 03 84 60 90 01.

Tradex (fabricant de composteurs en bois)

Avenue Georges Nuttin, 59400 Cambrai, tél. 03 27 81 26 78.

Natura (vente par correspondance)

2, rue d'Hanoï, 58000 Nevers, tél. 03 86 61 08 28.

Profertyl (vente par correspondance)

14200 Hérouville-Saint-Clair, tél. 08 20 41 42 09.

Magellan (vente par correspondance)

ZA Les Landes, 24290 La Chapelle-Aubareil, tél. 08 91 67 00 03.

Lectures conseillées

Les Quatre Saisons du jardinage
Seule revue de jardinage biologique, bimestrielle, vendue par abonnement et dans certains magasins de produits biologiques.
Abonnement 1 an (6 numéros) : 29,10 euros.
Publiée par Terre vivante (adresse ci-dessus).

Le guide du jardinage biologique, potager et verger, par Jean-Paul Thorez, Terre vivante, 320 pages, 300 dessins et tableaux, 15,09 euros.

Ravageurs et maladies au jardin, les solutions biologiques, par O. Schmid et S. Hengeller, Terre Vivante, 272 pages, nombreux dessins et photos en couleur, 19,06 euros.

Jardiner bio, c'est facile, ouvrage collectif, Terre vivante, 128 pages, 13,87 euros.

Livre imprimé avec des encres végétales sur papier 100 % recyclé.
Achevé d'imprimer par Dumas-Titoulet Imprimeurs
Dépôt légal : août 2007 - N° d'imprimeur : 45897A
Imprimé en France